»Ja, Kinder,
   es ist Krieg ...!«

Hermann Wilhelm

München im Ersten Weltkrieg

MünchenVerlag

Bibliografische Informationen der Deutschen Nationalbibliothek.
Die Deutsche Nationalbibliothek verzeichnet diese Publikation in der
Deutschen Nationalbibliografie; detaillierte bibliografische Daten sind
im Internet über http://dnb.dnb.de abrufbar.

© 2013 by Chr. Belser Gesellschaft für Verlagsgeschäfte GmbH & Co. KG, Stuttgart

Alle Rechte vorbehalten
Diese Publikation erscheint im MünchenVerlag
in der Chr. Belser Gesellschaft für Verlagsgeschäfte GmbH & Co. KG.

Redaktion, Satz: Tim Schönemann – Produktentwicklung für Verlage
Umschlagentwurf: Knipping Werbung GmbH, Berg bei Starnberg
Druck: Print Consult, München

Bildnachweis: Bundesarchiv, Bild 146-1994-022-19-A (Foto: Oscar Tellgmann, August 1914): Titelbild; Archiv des Haidhausen-Museums: S. 17 r., 22, 28, 32 (Postkarten), 52, 53, 59, 60, 62, 63, 64, 83 u., 84, 96, 97; Münchner Stadtmuseum: S. 88, 127; Stadtarchiv München: S. 5, 11, 12, 13, 16, 17 l., 30, 35 u., 36, 38, 39, 40, 41, 45, 47, 51, 54, 55; Münchner Illustrierte Zeitung 1914 - 1918 (Monacensia Bibliothek): S. 10, 18, 35 o., 71, 74, 80, 114; Bayerisches Hauptstaatsarchiv: S. 81, 84 o.
Alle anderen Abbildungen und Postkarten stammen aus dem Archiv des Autors. Bei einigen Bildern konnten die Bildrechte leider nicht mehr ausfindig gemacht werden. In diesem Fall wenden Sie sich bitte an den Autor oder an den Verlag

Zitat im Titel von Thomas Mann, 1914 aus: Golo Manns »Erinnerungen und Gedanken«

ISBN 978-3-7630-4003-2

Inhalt

10 Kriegsbeginn
10 Das bedeutet Krieg
11 Mobilmachung
15 Kriegserklärungen
16 Territoriale Ansprüche
18 »Sofortiger Abbruch aller laufenden Streiks«

23 Verfolgungswahn
23 Chaos am Hauptbahnhof
25 Überall Spione

29 Beim Münchner Militär
29 Bagagewagen und Maschinengewehre
31 Mit Sang und Klang durch die Straßen
37 »Ein Geruch, als würden Schweine geschlachtet«
43 Flugmaschinen und Kriegsgefangene in Puchheim
44 Auf dem Oberwiesenfeld: »Die besten Flugmotoren der Welt«

50 Lazarettstraßenbahnen mit Tragbahrenfächern
54 »Sterben ist des Lebens größte Tat«
58 »Sonst alles in ausgezeichneter Stimmung«

65 Künstler ziehen in den Krieg
65 »Endlich bin ich Soldat«
67 Gedichte, Kriegsbücher, Kampfschriften
71 »Krieg, Volk und Kunst«
72 Patrioten: Thoma und Ganghofer
75 Beim »Heldenfrisieren«
76 Schrecken ohne Ende

79 Frauenarbeit
79 »Ehrenamtliche soziale Kriegshilfe«
80 Nähmaschinen in den Nibelungensälen
83 In den Betrieben und Fabriken der Stadt

87 Wirtschaftschaos und Kriegsanleihen
87 Angstverkäufe
89 »Gold gab ich für Eisen«

95 Hunger und Not
95 Kommunale Aufgaben
96 Verbote und Erlasse
101 Erste Hungerdemonstrationen
104 »Dotschland, Dotschland über Alles«
106 Wohnungsnot und die Gründung der GWG

107 Friedensbewegung und Zensur
107 »Wir fordern Frieden! Frieden für alle!«
109 »Persönliches Schreibverbot für pazifistische Zwecke«
110 Überwachung beim Bahnpostamt 1

113 Die Niederlage ist in Sicht
113 »Der Kaiser ist um alles Ansehen gekommen«
115 Gegen einen »Verzichtfrieden«: Auch die Scharfmacher organisieren sich
116 Streik und rote Krawatten
121 Der »Schwabinger« Parvus-Helphand und die Russische Revolution

125 Das Ende
125 Waffenstillstand »um jeden Preis«
127 »Eine Welt versank«
130 Der König verlässt die Stadt
131 »Neues Geld für alte Schulden«

133 Quellen

135 Literatur

139 Personenregister

143 Über den Autor

So muss denn das Schwert entscheiden.
Mitten im Frieden überfällt uns der Feind. Darum auf! Zu den Waffen!
Jedes Schwanken, jedes Zögern wäre Verrat am Vaterlande.
Um Sein oder Nichtsein unseres Reiches handelt es sich,
das unsere Väter neu sich gründeten.
Um Sein oder Nichtsein deutscher Macht und deutschen Wesens.

KAISER WILHELM II. (SEIT SEPTEMBER 1909 EHRENBÜRGER DER STADT MÜNCHEN) AM 6. AUGUST 1914

Und dann, was wussten 1914, nach fast einem halben Jahrhundert des Friedens,
die großen Massen vom Kriege? Sie kannten ihn nicht, sie hatten kaum je an ihn gedacht.
Er war eine Legende, und gerade die Ferne hatte ihn heroisch und romantisch gemacht.
Sie sahen ihn immer noch aus der Perspektive der Schullesebücher und der Bilder in den Galerien:
blendende Reiterattacken in blitzblanken Uniformen, der tödliche Schuss
jeweils großmütig mitten durchs Herz, der ganze Feldzug ein schmetternder
Siegesmarsch. »Weihnachten sind wir wieder zu Hause«, riefen im
August 1914 die Rekruten lachend den Müttern zu.

STEFAN ZWEIG IN »DIE WELT VON GESTERN«

20. August 1918:
Ich gehe, wenn irgend möglich, zu Fuß, denn die Atmosphäre in der Straßenbahn,
im wirklichen und im übertragenen Sinn, ist erstickend. Schon der Zustand der Wagen.
Lauter Eisenteile anstatt des Messings, alles verbeult, die Farben abgeblättert,
alles schwarz, verrußt, verwahrlost. Die Fahrgäste schauen sich gegenseitig
misstrauisch und giftig an. Dabei, wie hübsch und blitzblank waren unsere
Wagen vor dem Krieg.

JOSEF HOFMILLER IN »REVOLUTIONSTAGEBUCH«

Kriegsbeginn

> Der Magistrat der Haupt- und Residenzstadt München verfügt, dass alle in Urlaub
> befindlichen städtischen Beamten – gleichviel welche Dienststelle sie bekleiden –
> im Mobilmachungsfalle ihren Urlaub zu unterbrechen und sofort oder,
> wenn dies nicht möglich, wenigstens innerhalb von drei Tagen auf ihren Posten
> zurückzukehren haben.
>
> ERLASS DES MÜNCHNER MAGISTRATS, JULI 1914

Das bedeutet Krieg!

»München war in diesem Juni wunderbar schön. Die weiten Straßen nahmen die Scharen der Fremden mühelos auf, und das Gelb der Bauten hatte unter dem strahlenden Himmel etwas Legitimes. Nach Tisch traf sich alles im Hofgarten an den Kaffeetischchen. (…) Eines Sonntags, es war der 28. Juni, verließ ich das Haus der Hitze wegen erst gegen sechs. Auf der Straße sah ich, wie die Leute sich um ein Extrablatt drängten: der Mord in Sarajevo. Das ist der Krieg, sagte man …«[1]

Aus nächster Nähe hatte ein 19-Jähriger Gymnasiast mehrere Pistolenschüsse auf das österreichische Thronfolgerpaar Franz Ferdinand und seine Gemahlin Herzogin von Hohenberg, geborene Gräfin Sophie Chotek, abgegeben und tödlich getroffen. Der junge Mann heißt Gavrilo Princip und ist seit einiger Zeit Mitglied der nationalistischen Schüler- und Studentenbewegung »Mlada Bosna« (»Junges Bosnien«).

Obwohl eine Mitwisserschaft der serbischen Regierung an dem Anschlag ungeklärt ist, stellt Österreich-Ungarn knapp einen Monat später, am 23. Juli 1914, Serbien ein auf 48 Stunden befristetes Ultimatum. Auch in München ahnt man, was dies bedeutet.

»In den großen Gaststätten ging es hoch her. (…) Wo immer Musik spielte, wurden patriotische Lieder gesungen. Viele Hunderte hatten sich am Samstag im Löwenbräukeller, im Bürgerbräu eingefunden, ebenso im Münchner Kindl (gemeint ist der Münchener Kindl-Keller am Rosenheimer Berg, d. Verf.), wo die Kapelle des Infanterie-Leibregiments

Auf der Suche nach Informationen versammeln sich die Neugierigen vor dem Gebäude der Münchner Neuesten Nachrichten in der Sendlinger Straße.

einen militärischen Abend gab und mit ihren Weisen, deutschen und österreichischen Märschen, die Menge elektrisierte.«[2]

Schon am 25. Juli 1914 kommt es zu ersten Ausschreitungen und Krawallen. Im Café Fahrig am Münchner Hauptbahnhof legen sich einige alkoholisierte Gäste mit den Musikern an, da diese sich weigern, unaufhörlich Kriegslieder und patriotische Märsche zu spielen. Gegen zwei Uhr nachts wütet in dem Lokal der »fanatisierte Mob«. Die sozialdemokratische Münchener Post, damals noch Tageszeitung, berichtet darüber:

»Durch ungeschicktes Benehmen des Kapellmeisters wurde die betrunkene und fanatisierte Menge wild und demolierte das ganze Lokal. Keine Fensterscheibe des Lokals blieb ganz, kein Tisch, kein Stuhl. Die Hotelgäste glauben, ihre letzte Stunde sei gekommen.«

In den Münchner Neuesten Nachrichten ist zu lesen: »Nach Räumung des Lokals durch die Schutzmannschaft um 2 Uhr setzten sich auf der Straße die Demonstrationen gegen das Café Fahrig fort. Um ¾ 3 Uhr hatte ein Steinwurf eine der großen Fensterscheiben durchschlagen. (…) Vom Neubau des Hotels Savoy in der Herzog-Wilhelm-Straße holten die Leute Ziegel herbei, von den Anlagen am Karlsplatz lasen sie Kiesel auf. Auch Holzstücke und Eisenteile dienten als Wurfgeschosse. Von der langen Fensterreihe, vorne an der Neuhauser Straße und seitlich an der Herzog-Max-Straße, blieb auch nicht eine Scheibe ganz.«

Am Sonntag, den 26. Juli 1914, strömen die Menschen schon am frühen Morgen aus allen Stadtteilen in Richtung Innenstadt. Die Neuhauser Straße ist in kürzester Zeit ein einziges wogendes Menschenmeer. Dazwischen immer wieder Schutzleute zu Fuß und zu Pferd, die vergeblich versuchen der chaotischen Verhältnisse Herr zu werden.

Vor den Anschlagtafeln der Zeitungsverlage drängen sich die Neugierigen. Extrablätter werden verteilt. Noch am selben Abend erscheint eine Sondernummer der Münchner Neuesten Nachrichten in einer Auflage von 36 000 Stück. Vor der Feldherrnhalle am Odeonsplatz marschiert Militär zur Parade auf.

»Die Musik des Infanterie-Leibregiments ward schon von Hunderten von hochrufenden Menschen begleitet. Auch als

Das zerstörte Café Fahrig am 26. Juli 1914

die Wache ins Gewehr trat, setzten sich diese Rufe fort. (…) Der schneidige Radetzkymarsch erscholl, der Hoch- und Deutschmeistermarsch und das Lied vom Prinz Eugen. Bei der Königshymne wandte sich alles hochrufend der Residenz zu. Die Musik spielte noch das Flottenlied und ›Deutschland, Deutschland über alles‹. Alle Männer nahmen die Hüte ab …«[3]

Mobilmachung

Am 31. Juli 1914 hat sich vor dem Münchner Rathaus am Marienplatz erneut eine »schwarze, tausendköpfige Menschenmasse« versammelt. Man wartet auf neue Nachrichten, Gerüchte machen die Runde.

»Plötzlich tritt todernste Stille ein. Das hohe eiserne Tor des Rathauses öffnet sich, ein Soldat kommt trommelnd heraus, blass im Gesicht. Er kennt den Ernst der Schicksalsstunde, die er verkündet. Sein Trommeln bedeutet den Kriegszustand. Das Menschenmeer teilt sich und gibt ihm den Weg frei. Man fühlt

Die Verkündung des Kriegszustandes am 31. Juli 1914 auf dem Marienplatz.

das Drückende des Krieges, die Schatten des Todes streifen den sonnigen letzten Julitag.«[4]

Dreißig mit Trommeln ausgestattete Tamboure ziehen nun zusammen mit einem sie jeweils begleitenden »Kommissär« zu den wichtigsten Straßen und Plätzen der Stadt und »schlagen den Generalmarsch«.

»Auf einmal Trommelwirbel auf der Straße! Die Fenster wurden aufgerissen, aus den Häusern stürzten erregte Menschen.«[5] Der Bezirkskommissar verliest die »Proklamation des Kriegszustandes«.

Am nächsten Tag, den 1. August 1914, verkündet König Ludwig III. abends um 19 Uhr 30 die Mobilmachung. Am Odeonsplatz und auf den Stufen der Feldherrnhalle stehen die Menschen dicht gedrängt. Auch der in München geborene Schriftsteller Johannes R. (Robert) Becher, nach 1949 Kulturminister der DDR, ist unter den Zuhörern:

»Als wir uns zum Residenzplatz durchgezwängt hatten, der innen für den Aufmarsch aller Münchener Regimenter gesperrt war, dröhnte von der Feldherrnhalle her der bayerische Defiliermarsch. Die Fenster im ersten Stock der Residenz leuchteten auf. Die Flügeltüren zum Balkon, über dessen Geländer das bayerische Wappen ausgebreitet herabhing, öffneten sich weit. Warmer leichter Wind ging. Die Pechflammen auf den Kandelabern loderten. Das Dröhnen der Musikkapelle, von

Parade vor der Residenz, 1914

Paukenstößen und Trommelschlägen verstärkt, rückte von der Residenzstraße näher.«⁶

Soldaten marschieren in feldgrauer Uniform im Paradeschritt auf. Fackeln erleuchten die gespenstische Szenerie. Zwischen den Trommelschlägen und der Blasmusik sind einschlägige militärische Kommandos zu hören. Dann erscheint der König auf dem Balkon und spricht. Anschließend singt die Menge die »Wacht am Rhein« und das »Deutschlandlied«.

Um den König haben sich auch Mitglieder seiner Familie, darunter die Gattin Marie Therese, Erzherzogin von Österreich-Este und Prinzessin von Modena, versammelt. Auch einige der inzwischen erwachsenen Töchter sind auf den Balkon getreten.

»Neben dem König stehen die sieben Prinzessinnen. (…) Hinter ihm ragt das Haupt der Königin. Sie ist stolzer, herrischer. (…) Der Alte nickt, grüßt, und geht vor den unbeweglichen Prinzessinnen wieder in das helle Zimmer, aus dem einige hochgewachsene Generäle, die Brüder des Königs, herausblitzen.«⁷

Niemand soll je sagen dürfen, Bayerns König habe auch nur einen Augenblick gezögert, die Treue zum Reich durch die Tat zu beweisen.

LUDWIG III. AM ZWEITEN MOBILMACHUNGSTAG AUF
DEM BALKON DES WITTELSBACHER PALAIS

Kriegserklärungen

»Ein paar Tage lang gab ich mich noch der fantastischen Zuversicht hin, dass die großen übernationalen Gemeinschaften, die des römisch-katholischen Klerus und seiner Gefolgschaft oder auch die der Freimaurerlogen, meinethalben auch die der Sozialisten oder die des jüdischen Großkapitals, sich gegen den verbrecherischen Irrsinn auflehnen würden, suchte mir vorzustellen, dass die Kabinette und Parlamente, die ihre Völker um ein Nichts in Not und Tod hinausjagen wollten, doch schließlich machtlos wären, wenn diese Völker in Deutschland, Russland, Frankreich, Italien und England mit einem einzigen, gleichzeitigen Schrei einmütig erklären würden, es fiele ihnen gar nicht ein, sich als Schlachtvieh behandeln zu lassen, die Herren Minister und Generale möchten ihren Zwist gefälligst allein auskämpfen – aber nein, die Hetzartikel ihrer Zeitungen nachplappernd begannen nun auch die Massen mit Gebrüll und Gebelfer übereinander herzufallen, schrien sich schließlich wie hypnotisiert in einen Rassenhass und eine fanatische Blutgier hinein, mit der sie sich endgültig ihren Regierungen als gefügiges Werkzeug überlieferten.«

Das im obigen Text ausgedrückte Hoffen des seit einigen Jahren in München lebenden Schriftstellers Kurt Martens aber ist vergeblich. Die Kriegserklärungen der jeweiligen Regierungen laufen wie ein Uhrwerk ab. In den Ministerien und Heeresleitungen scheint man auf die Gelegenheit zum Losschlagen nur zu warten.

Nachdem Deutschland noch einmal Österreich-Ungarn seine Bündnistreue bestätigt, sichert der russische Kronrat am 25. Juli im Gegenzug Serbien seine Unterstützung zu. Am selben Abend werden die diplomatischen Beziehungen zwischen Österreich-Ungarn und Serbien abgebrochen. Kurzfristige Vermittlungsversuche von Seiten Deutschlands und Englands scheitern. Am 28. Juli erklärt Österreich-Ungarn Serbien den Krieg.

Als Folge machen Russland und Deutschland mobil. Gleichzeitig fordert der deutsche Generalstabschef von Moltke in einem Telegramm Österreich-Ungarn zur Mobilmachung gegen Russland auf. Am Mittag des 31. Juli wird von der deutschen Regierung der »Zustand drohender Kriegsgefahr« verkündet.

Inzwischen setzt auch Frankreich seine Truppen in Bereitschaft. Am 1. August erklärt das Deutsche Reich Russland den Krieg. Zwei Tage später erfolgt die Kriegserklärung an Frankreich.

Belgien aber bleibt neutral. Dennoch marschieren schon am 3. August 1914 deutsche Truppen in Belgien ein. Die Verletzung der belgischen Neutralität nimmt England zum Anlass, ebenfalls in den Krieg einzutreten.

KRIEGSERKLÄRUNGEN IM ERSTEN KRIEGSJAHR

28. Juli:	Österreich-Ungarn an Serbien
1. August:	Deutschland an Russland
3. August:	Deutschland an Frankreich
3. August:	Deutschland an Belgien
4. August:	England an Deutschland
6. August:	Österreich-Ungarn an Russland
6. August:	Serbien an Deutschland
7. August:	Montenegro an Österreich-Ungarn
11. August:	Österreich-Ungarn an Frankreich
12. August:	Montenegro an Deutschland
13. August:	England und Frankreich an Österreich-Ungarn
23. August:	Japan an Deutschland
25. August:	Österreich-Ungarn an Japan
28. August:	Österreich-Ungarn an Belgien
2. November:	Russland an Türkei
5. November:	Frankreich an Türkei
5. November:	England an Türkei
7. November:	Belgien an Türkei
7. November:	Serbien an Türkei

AUS »DEUTSCHES KRIEGSBUCH«, 1916

Territoriale Ansprüche

Seit Kriegsbeginn sind alle mobilen deutschen Truppen dem Kaiser als oberstem Kriegsherrn unterstellt. Wilhelm II. erhält so auch die Militärhoheit über die bayerischen Verbände. Nur die im Lande verbliebenen Ersatztruppen unterliegen noch dem Oberbefehl Ludwig III., der nach dem Tod von Prinzregent Luitpold am 12. Dezember 1912 als Prinzregent und ab November 1913 als Bayerischer König regiert.

Gleichzeitig geht die vollziehende Gewalt von den Zivilbehörden auf militärische Stellen über. Dennoch muss in Bayern für Anordnungen, die das Zivilleben betreffen, auch weiterhin ergänzend die Zustimmung der jeweils zuständigen Ministerien eingeholt werden.

Kronprinz Rupprecht, eine der markantesten Persönlichkeiten des damaligen Bayern, rückt als ehemaliger General der Infanterie und Generalinspekteur der IV. Armeeinspektion in die Heeresleitung auf und wird Oberbefehlshaber der deutschen 6. Armee. Sein Bruder Prinz Leopold von Bayern

Menschenmassen vor der Feldherrnhalle am Odeonsplatz, 1. August 1914

Am 1. August 1914 wird am Odeonsplatz vor der Feldherrnhalle die Mobilmachung verkündet.

Ein Tambour schlägt den Generalmarsch. Anschließend verliest ein Bezirkskommissär die Bekanntmachung über die Verhängung des Kriegszustandes.

wird am 16. April 1915 zum Oberbefehlshaber der 9. Armee im Osten ernannt. Nach den Siegen in Polen und Russland wird er Ende August 1916 Nachfolger Hindenburgs als Oberbefehlshaber Ost der deutschen Heere werden.

König Ludwig III., der bisher eher einen bürgerlich-zivilen Eindruck macht und aufgrund des Engagements für sein bäuerlich-landwirtschaftliches Gut Leutstetten von den Münchnern den Spitznamen »Millibauer« erhält, gibt sich siegesgewiss. Auch er macht inzwischen Eroberungspläne und denkt über eine territoriale Vergrößerung seines Herrschaftsbereiches nach. Schon Mitte August 1914 formuliert Ludwig III. »wittelsbachische Kriegsziele«, darunter die Aufteilung Elsass-Lothringens, eine »deutsche Rheinmündung« und das Verschwinden Belgiens von der Landkarte.

> Ich bin noch immer wie im Traum – und doch muss man sich jetzt wohl schämen, es nicht für möglich gehalten und nicht gesehen zu haben, dass die Katastrophe kommen musste. Welche Heimsuchung! Wie wird Europa aussehen, innerlich und äußerlich, wenn sie vorüber ist?
>
> THOMAS MANN IN EINEM BRIEF AN SEINEN BRUDER HEINRICH, 7. AUGUST 1914

»Königshoch« bei der Parade der Münchner Turner-Landsturm-Riegen vor dem Wittelsbacher Palais im Januar 1915

»Sofortiger Abbruch aller laufenden Streiks«

Auch in der Münchner SPD verändert sich die Stimmung. In der sozialdemokratischen Tageszeitung Münchener Post ist am 2. August 1914 unter der Überschrift »Sein oder Nichtsein« zu lesen:

»Solange es die Möglichkeit gibt, den Frieden zu retten, gibt es nur eine Pflicht: für ihn zu arbeiten. In dem Augenblick aber, in dem das weltgeschichtliche Ringen beginnt – und wir wissen nicht, um wie viel Stunden wir von ihm noch getrennt sind – ändern sich auch die Aufgaben des deutschen klassenbewussten Proletariats. Die ungeheure Mehrheit des deutschen Volkes hat diesen Krieg nicht gewollt. Aber es gibt in ganz Deutschland keine Partei, keine Gruppe, und wir glauben, keinen Menschen, der in diesem Kriege eine Niederlage Deutschlands will.«

Um dieser Kursänderung zusätzliche Legitimation zu verleihen, interpretiert man die Kriegserklärung an Russland auch als Aufruf zum Befreiungskampf gegen die Zarenherrschaft. In den einschlägigen Versammlungen erinnern die Redner an den »Petersburger Blutsonntag« von 1905, an dem die russische Regierung auf unbewaffnet demonstrierende Arbeiter schießen ließ. Die Münchener Post gibt sich in der Ausgabe vom 1. August 1914 kämpferisch:

»In der Pflicht der Landesverteidigung gegen das Blutzarentum lassen wir uns nicht zu Bürgern zweiter Klasse machen.«

Am 4. August 1914 steht im Deutschen Reichstag die Abstimmung über die Kriegskredite auf der Tagesordnung. Das Ergebnis ist eindeutig. Auch die Fraktion der Sozialdemokratischen Partei Deutschlands stimmt geschlossen dafür. Zwar sprechen sich bei einer vorausgegangenen internen Probeabstimmung vierzehn Mitglieder – darunter auch der

Titel der »Münchener Illustrierten Kriegschronik« des Neuen Münchener Tagblatts,
3. August 1914

Vereidigung des Infanterie-Leibregiments im Hof der Arnulf-Kaserne

Parteivorsitzende Hugo Haase – dagegen aus, doch bei der entscheidenden Reichstagssitzung wahren alle Beteiligten Fraktionsdisziplin. Hugo Haase selbst führt aus: »Wir lassen in der Stunde der Gefahr das eigene Vaterland nicht im Stich.«

Erst ein gutes Vierteljahr später, am 2. Dezember 1914, wird Karl Liebknecht als erster Reichstagsabgeordneter die Zustimmung bezüglich weiterer Kriegskredite verweigern.

Auch die freien Gewerkschaften schwenken auf die neue Linie ein. In »nationaler Hochstimmung« vereinbaren sie schon zu Kriegsbeginn »mit den Arbeitgeberverbänden die Einstellung aller Arbeitsstreitigkeiten für die Dauer des Krieges und den sofortigen Abbruch aller laufenden Streiks«[8].

Durch diesen »Burgfrieden« und das damit verbundene nationale Engagement versprechen sich viele Sozialdemokraten und Gewerkschaftsmitglieder die ersehnte gesellschaftliche Anerkennung. Man will das Image der »vaterlandslosen Gesellen« los werden. Und die Regierung kommt den Gewerkschaften tatsächlich entgegen. So beendet das »Hindenburgprogramm« mit einem Gesetz vom 5. Dezember 1916 zwar die freie Wahl des Arbeitsplatzes zugunsten einer »Plan- und Befehlswirtschaft für Produktion und Konsum«, doch zum Ausgleich werden den Gewerkschaften erstmals wichtige Rechte eingeräumt:

»Ein Wechsel des Arbeitsplatzes bedurfte behördlicher Zustimmung, je nach Kriegswichtigkeit der Produktion wurden den Betrieben Arbeitskräfte zugeteilt und entzogen. Als Ausgleich sah das Gesetz bei größeren Betrieben die ersten ›Betriebsräte‹ zur Wahrung der Interessen der Arbeitnehmer vor sowie paritätische Schlichtungsausschüsse zur verbindlichen Regelung der Lohnfrage.«[9]

Am 23. Dezember 1914 wird in München ein neuer Stadtrat gewählt. Das Ergebnis zeigt, dass ein Großteil der Münchner Bürger die sozialdemokratische Einschätzung der Lage teilt. So geht die SPD mit ihren 18 000 Mitgliedern aus dieser Abstimmung als klarer Sieger hervor. Sie stellt nun mit 22 Delegierten die stärkste Fraktion im Münchner Gemeindebevollmächtigten-Kollegium. Im Magistrat ist sie mit sieben Räten und damit als zweitstärkste Gruppe vertreten.

Es war am 4. August 1914. Im Café Glasl an der Ecke der Münchner Amalien- und Theresienstraße war man über den Kriegsausbruch ebenso aufgeregt wie überall in Europa. Mit ein paar anderen Mitgliedern der freien Studentenschaft, die sich einige Stunden früher als Kriegsfreiwillige gemeldet hatten, saß ich in einer Diskussion über die Aussichten Deutschlands und über unsere eigene plötzlich veränderte Lebenslage vertieft, als von der benachbarten Kaserne des Leibregiments einige angeheiterte Soldaten ins Lokal kamen. Es war längst Zapfenstreich geblasen worden. (…)

Plötzlich tauchte eine Patrouille auf, an ihrer Spitze ein Vizefeldwebel des Leibregiments, der die verspäteten Urlauber energisch heimtrieb. Dieser große blonde Mann mit den graublauen Augen, der stramm militärisch auftrat, war Dr. Max Levien, der spätere Anführer der Münchner Räterepublik. Dieser gebürtige Deutschrusse war damals in patriotischer Hochstimmung. Auf eine ironische Bemerkung von unserem Tische her, wo man ihn von seiner Teilnahme an gelegentlichen studentischen Diskussionen kannte, schrie er wütend zurück: ›Es geht gegen den Zaren. Ich werde für Deutschland und für die Freiheit kämpfen.‹«

IMMANUEL BIRNBAUM IN »VERGANGENE TAGE«

Militärpass und Schießbuch des Haidhauser Gefreiten und Landsturmmannes Marian Keim

Verfolgungswahn

> »Krieg! – Ein Weltkrieg! – Wer hatte dieses Wort geprägt?
> Dieses Wort, das so ungeheuerlich, so furchtbar ist, dass es vordem fast nur von
> alten Kaffeebasen und von Wahrsagerinnen in den Mund genommen wurde.
> Die hatten ja schon immer gesagt: So und so – und wer das Jahr 1920 erleben will,
> der muss einen eisernen Kopf haben – denn da kommt der Weltkrieg.«
>
> LENA CHRIST IN »UNSER BAYERN ANNO 14«

Chaos am Hauptbahnhof

Das Straßenbild Münchens hat sich inzwischen auffällig verändert. Viele der weißblauen Straßenbahnwagen sind geschmückt, Offiziere werden plötzlich »ehrfürchtig gegrüßt«.

»Nie war die Stadt so voller Blumen, jeder Balkon ein kleiner Garten, die Türkenkaserne, wo das Leibregiment, der Stolz der Münchner, einquartiert war, ein Meer von blühenden Geranien. Das alles hob die Herzen. Alte Prophezeiungen, ob echt oder gefälscht, gingen durch das Land und verkündeten ein wundergroßes Heil aus diesem Kriege; wie mundete der süße Hoffnungstrank. Die nichts von Mystik wissen wollten, bauten ihre Sicherheit auf ein still umgehendes Wehrgeheimnis, wonach durch eine künstliche Rheinüberschwemmung das Aufmarschgebiet der Franzosen sofort unter Wasser gesetzt werden könnte, und wer den wilden Fantasien nicht glaubte, verließ sich auf die alsbald sichtbar werdenden Wunder unserer Organisation. Dass uns etwas Ernstliches zustoßen könnte, glaubte niemand.«[10]

Am Münchner Hauptbahnhof allerdings herrscht inzwischen das pure Chaos. In der Vorhalle, auf den Bahnsteigen und zwischen den Gleisen türmt sich bis hinaus zu den Zentralwerkstätten das Reisegepäck. Urlauber, aber auch ausländische Saisonarbeiter und Künstler verlassen zum Teil fluchtartig die Stadt.

»Die Fremden, die bisher immer noch auf einen friedlichen Ausgang der Krise gehofft hatten, reisten nun so schnell als möglich ab. Alle Hotels sind im Laufe des Tages fast leer geworden. Auto um Auto sauste zum Bahnhof, in dem Reisebureau für die Ausgabe von Platzkarten standen dicht gedrängt die Reisenden, in den Gepäckaufbewahrungsstellen gings drunter und drüber zu und auf den Bahnsteigen waren Berge von Koffern.«[11]

> Am ersten August
> Ein ganzes Volk, es hielt mit einem
> Den Atem an. Doch stockte keinem
> Darum des Herzens Schlag.
> So ging der Tag.
> Dann senkt sich feierlich und milde
> Der Abend über die Gefilde
> Und heiter blinkt und fern
> Ein heller Stern,
> Als wenn er's heut wie immer fände:
> In allen Hütten müde Hände,
> Und gute Rast
> Nach heißer Arbeit Last.
> Horcht!
> War's nicht als hätt' ein Ruf geklungen,
> Ein Ton als wie aus Erz gedrungen?
> Da – wieder! Auf!
> Auf zu den Waffen! Auf!
> Nun geht es brausend durch die Wälder,
> Nun dröhnt es über stille Felder
> Die Wehr zur Hand!
> Und schützt das Vaterland!
> Auf springt das Volk und reckt die Glieder.
> Und keine Sorge drückt uns nieder
> Komm, was es sei!
> Wir wollen es gemeinsam tragen
> Und heute schon als Bestes sagen,
> Dass man uns Hand in Hand
> Als Brüder fand.
> Dem Kaiser, der dies Wort gegeben
> Wird Dank in jedem Herzen leben
> Und jetzt – hurra!
> Du Mutter uns – Germania!
>
> LUDWIG THOMA AUF DER TITELSEITE DER MÜNCHNER
> NEUESTEN NACHRICHTEN AM 3. AUGUST 1914

Abschied von einberufenen bayrischen Truppen am Hauptbahnhof, 1915

In den Ziegeleien des Münchner Umlandes beenden die italienischen Arbeiter umgehend ihre Tätigkeit. Nach nur wenigen Stunden sind alle Arbeitsstätten verwaist. Gleichzeitig gibt die Regierung von Oberbayern am 3. August bekannt, dass Ausländer ohne »gehörigen Ausweis« binnen 24 Stunden das Land zu verlassen haben.

Doch ganz so schnell geht es schon aus organisatorischen Gründen nicht. So müssen vorübergehend erst einmal über 3000 auf ihre Abreise wartende Italiener mit ihren Habseligkeiten provisorisch in Schulen und Bierkellern untergebracht werden. Erst nach langwierigen Verhandlungen der zuständigen Behörden geht am Samstag, den 8. August, der erste Zug mit rund 1000 italienischen Passagieren von München ab.

»Die Züge nach Lindau und Kufstein sind mit Zivilisten vollgepfropft: Mit Ausländern, Russen und Franzosen, die über die Schweiz ihre Heimat erreichen wollen, und Italienern, die in Deutschland ihre Stellung verloren haben. (…) Man sieht, sie haben ihre Siebensachen mit Hast zusammengerafft, in Säcke gestopft und was nicht da hineingegangen, das tragen sie und ihre Kinder in der Hand, die Mutter die abmontierte Nähmaschine und der Dreijährige des Vaters zweite Hutgarnitur.«[12]

Doch dann gibt es erneut Probleme, die Transporte stocken. Grenzbeamte verweigern erst einmal die Weiterreise durch Tirol.

Im August 1914 müssen auch die Künstler Wassily Kandinsky, Marianne von Werefkin und Alexej von Jawlensky Deutschland verlassen. Nur mit dem notwendigsten Handgepäck ausgestattet, werden die »Russen« von deutschen Soldaten bis nach Lindau am Bodensee eskortiert. Von dort aus setzen sie mit dem Schiff in die Schweiz über.

Als Folge der fremdenfeindlichen Stimmung werden in den Schaufenstern ausländisch klingende Namen und Bezeichnungen umgehend in deutsche umgewandelt. Konditoreien nehmen die Schildchen für »Bonbons und Fruits glacés« aus den Auslagen. Harsche Leserbriefe erreichen Zeitungen und Zeitschriften, die noch Anzeigen für »Worcestershire Sauce« oder »Liqueur Bénédictine« veröffentlichen. Autoren wie Molière und George Bernhard Shaw werden von den Spielplänen der Münchner Theater abgesetzt. Die nach den »Englischen Fräulein« benannte »Englische Apotheke« in der Innenstadt ändert ihre Werbung und tauft sich in Engl-Apotheke um. Einige ganz besonders patriotisch gestimmte Menschen bedrängen die Münchner Stadtverwaltung, den Englischen Garten in Deutschen Garten umzubenennen.

> »Es war ein seidigblauer erster Sonntag im August, der sich über die Metzstraße und die bayerische Hochebene spannte. An diesem Nachmittag sagte in der Elektrischen der Linie 4, die zum Lenbachplatz fuhr, auf dem Perron ein Herr mit einem rotgegerbten Gesicht und hochgezwirbelten Schnurrbart zu einem andern, der genussvoll an seiner Havanna saugte: ›In drei Wochen sind wir in Paris! Wie auf dem Parkett marschieren wir durch Frankreich!‹ ›Und Weihnachten sind wir alle wieder zu Hause!‹ entgegnete der andere und entfernte mit einem gepflegten Daumennagel einen Tabakrest aus seinen Raucherzähnen.«
>
> RUDOLF FERNAU IN »ALS LIED BEGANN'S«

Überall Spione

Auf den Güterwagen am Ostbahnhof sind neben knappen organisatorischen Hinweisen wie »Vierzig Mann oder sechs Pferde« inzwischen auch jede Menge martialische Aufschriften zu lesen: »Jeder Schuss ein Russ, jeder Stoß ein Franzos, jeder Tritt ein Brit!« Da gehören »Zum Frühstück nach Paris« oder »An Weihnachten sind wir wieder zu Hause« zu den eher harmlosen Sprüchen.

»Deutsche Frauen! Trinkt nur deutschen Cognac und deutsche Liköre.«

»Wir hau'n zua, denn wir sind g'sund. Vivat hoch der Bayernbund!« steht auf einem der Waggons, mit denen Kriegsfreiwillige an die Front gebracht werden.

Gleichzeitig macht sich eine hysterische Angst vor Spionen breit. Am Stachus werden zwei junge Frauen festgehalten und geschlagen. Sie sollen sich in französischer Sprache unterhalten haben. In der Nähe der Michaelskirche wird ein Spaziergänger für einen Engländer gehalten und bedrängt. Auslöser der Aufregung ist die auffällig karierte Kleidung des Mannes.

Nicht viel anders ergeht es Marta und Lion Feuchtwanger in einem Hutladen in der Kaufingerstraße. Sie wollen einige Reparaturen vornehmen lassen und die Hutbänder erneuern. Doch dann erleben sie eine unangenehme Überraschung: »Kaum hatte die Verkäuferin in das Innere der Hüte geschaut und das Etikett der französisch-schweizerischen Firma gelesen, rannte sie zur Tür und schrie: ›Polizei! Spione! Verhaftet das welsche Gelump‹.«[13]

Der Schriftsteller Ernst Toller erlebt im Englischen Garten Ähnliches: »Neben mir sitzt ein hagerer Mensch. (...) Er steht auf, er geht fort, er kommt mit anderen Menschen wieder. Verwundert sehe ich, wie man auf mich zeigt, dann auf meinen Hut, dessen Futter, allen sichtbar, mit großen blauen Buchstaben den Namen des Lyoner Hutfabrikanten trägt. Ich nehme meinen Hut, gehe weiter, die Gruppe, zu der andere Neugierige stoßen, folgt mir, ich höre erst einen, dann viele rufen ›Ein Franzose, ein Franzose!‹ (...) Kinder laufen neben mir her, weisen auf mich mit den Fingern, ›Ein Franzos, ein Franzos!‹, zum Glück begegnet mir ein Schutzmann, ich zeige ihm meinen Paß, unwillig und schimpfend zerstreuen sie sich ...«[14]

Sogar Kathi Kobus, bis vor Kurzem noch Wirtin der legendären Künstlerkneipe Simplicissimus in der Türkenstraße, ist unter den Verdächtigen. Am Stachus wird die eigentlich münchenweit bekannte Szenewirtin aufgehalten: »Ihre großmächtige Figur, ihr schwarzes Lockenhaupt und ihr Schnurrbärtchen erregten den Verdacht der Spionen-Riecher. Man rief: ›Dö is ja a Mannsbild, a serbischer Spion!‹ Man drang auf sie ein und versuchte, ihr die vermeintliche Perücke und ihren vermeintlich falschen Busen zu entreißen. Erst als man sich überzeugt hatte, dass beides echt war, ließ man von ihr ab.«[15]

Zusätzlich machen Gerüchte über die Vergiftung des Münchner Trinkwassers die Runde. Ein feindlicher Agent soll das »Deisenhofener Wasserreservoir« mit Cholerabazillen verseucht haben. Die Kunde verbreitet sich wie ein Lauffeuer. Aufregung und Hysterie machen sich breit. Die Schriftstellerin Lena Christ beschreibt in einem satirischen Beitrag eine diesbezügliche Szene in der Münchner Straßenbahn:

»In der Trambahn sitzen die Leut schon alle mehr tot als lebendig. Und so oft einer aussteigt – eine Platz nimmt – immer das selbe Schreckenswort: ›Gellns – d'Wasserleitung! ...‹

Beim Hoftheater steigt eine elegante Dame ein. Der Schaffner fragt nicht: ›Wie weit, wenn ich bitten darf?‹, sondern sagt mit heiserer Stimme: ›Guat Morgn, Frailein; – gellns dees is was, – d'Wasserleitung! ...‹

›Warum – was ist's mit der?‹ fragt die Dame erstaunt.

›Was? – Sie wissens net?‹ ruft der Schaffner entsetzt; ›ja – ham Sie's denn net ghört? – D'Wasserleitung is vergift!‹

Die Dame ist wie vom Blitz getroffen; durch den Wagen aber schallt's wieder laut und furchtbar ernst: ›'s ganze Trinkwasser! ... Tiffus ... Cholera ... Ziankali ...‹

In diesem Augenblick löst sich die Erstarrung der Dame, – sie schnappt etliche Male nach Luft – schreit auf – verfällt in Zuckungen – in Krämpfe – springt aus dem Wagen und rennt

Kriegspostkarten

mit dem gellenden Ruf ›Hilfe! Ich bin vergiftet! – Ein Brechmittel!‹ in die Karmeliterapotheke.

In der Trambahn aber ein Aufseufzen: ›Entsetzlich!‹«

Besonders Ängstliche versorgen sich inzwischen mit frischem Quellwasser aus den Maximiliansanlagen und dem Englischen Garten. Gleichzeitig wissen einige gut Informierte zu berichten, dass unter den Isarbrücken von Ausländern angebrachte Sprengladungen gefunden wurden. Da ist man froh und erleichtert, dass am 12. August 1914 vom Generalstab offiziell bekannt gegeben wird: »Der deutsche Boden ist vom Feinde gesäubert.«

Der Gefreite Marian Keim wird am 18. Dezember 1917 vom »Kommando der Heeresfront Erzherzog Joseph« mit dem Eisernen Verdienstkreuz ausgezeichnet.

Orden des »Königlich bayrischen Gefreiten der Landwehr« von Marian Keim

Beim Münchner Militär

> »Ich liege nachts oft lange wach und denke über die Dinge nach, die mich angehen: Das Leben in der Kaserne, meine gänzliche Verunstaltung durch die Uniform, das Kommando der Unteroffiziere, alles erscheint mir als ein Traum, ein Spuk, eine Verzauberung, eine Hölle. (…) So unmenschlich, ohne Geist wie bisher, bin ich noch nie gewesen.«
>
> CARL SCHMITT, TAGEBUCHEINTRAG AM 10. MÄRZ 1915

Bagagewagen und Maschinengewehre

Inzwischen ist das städtische Alltagsleben überall von militärischen Aktivitäten geprägt. Schulen werden zu Kasernen umfunktioniert, auf den Straßen sind feldgrau gestrichene Bagagewagen, Transportwagen mit Munitionskästen sowie Artillerie und Reiter unterwegs.

»Durch das schwarze Gewimmel ziehen hochbeladene Wagen mit Heu und Stroh, vom Lande herein zu den Proviantämtern, auch die Kutscher in Zwillich und Mütze erhalten ihren ein wenig abgekürzten Gruß. Wagen hinter Wagen rollt getürmt in das Soldatenviertel, als gelte es die backsteinernen roten Archen für ein Jahrzehnt zu füllen. Dann kommen ganze Herden ungesattelter, ungezäumter Pferde. Man hat sie auf dem Lande aufgeboten, und nun wogen sie schwarz, rot und braun über das Pflaster, treue Diener des Heeres. Wenn die Straße einigermaßen frei ist, fängt das ganze Rudel an zu traben. Dann fegen die Schwänze, und der Boden beginnt zu donnern.«[16]

Die Bayerischen Staatseisenbahnen stellen den Transport von »Privatgut und Vieh« ein, der bisher selbstverständliche Anspruch von Privatpersonen auf Beförderung erlischt. Auf den großen Freiflächen der Stadt sammeln sich Landwehrmänner und Reservisten, um sich militärisch einzukleiden. In kurzer Zeit verwandeln sich Zivilisten in »einheitliche Feldgraue«. Doch noch ist alles ungewohnt.

»Wäsche, Monturen, Stiefel, Schnürschuhe, Socken, Fußlappen, Leibriemen. (…) Alles war so neu, als sitze ihnen der Krieg nicht recht, das hellbraun der ungeschwärzten Stiefel und Leibriemen stach so hart gegen das Grau des Feldkleides, der überzogenen Helme.«[17]

Neu eingekleidet und ausgerüstet rückt man zu Übungszwecken in die nähere Umgebung Münchens aus. Mit dem schweren Tornister auf dem Rücken geht es »um fünf Uhr früh in flottem Marsche auf die Höhen hinter Grünwald«. Ein Schützengraben wird angelegt. Mit Pickeln und Schaufeln muss in dem harten und steinigen Boden ein riesiges Loch ausgehoben werden, das zur Tarnung mit Stoppeln und Gras versehen wird. Anschließend macht man Gelände- und Schwarmübungen.

Am nächsten Tag steht der Umgang mit richtigen Kriegswaffen auf dem Programm. Zum ersten Mal ahnen die Rek-

Der Militärpferdestall in der Lokomotivhalle II des Münchner Ausstellungsparks im Oktober 1914

ruten, was ein Gefecht mit modernen automatischen Waffen bedeuten kann.

»Heute haben wir zum ersten Mal mit einem Maschinengewehr geübt. (…) Die Maschinengewehrschützen lagen schon starr an ihren Gewehren, als wir heranschwenkten. Wir betrachteten die stählernen Maschinen mit Neugier und Grauen. Wir sahen den Schlitten, auf dem das Gewehr ruht, er kann für liegende Stellung tief, für kniende höher gestellt werden. Wir sahen die drei, von einem Mantel umschlossenen Läufe, die vierhundert bis fünfhundert Schuss in der Minute entsenden. Wir sahen den zweiten Mantel und im Hohlraum zwischen beiden das Kühlwasser, dessen Dampf durch einen Schlauch in die Erde einströmt, wenn von den heißen Läufen das Wasser kocht, und sahen endlich die Geschosse selbst, die blank und friedlich zu je zweihundertundfünfzig auf ihren grobleinenen Streifen befestigt sind und, wie unser ganzes technisches Zeitalter, von selber weiterlaufen, wenn die Hand die Maschine einmal in Gang gesetzt hat.«[18]

> »Lüttich genommen!«
>
> MÜNCHNER NEUESTE NACHRICHTEN, 7. AUGUST 1914

Eine Maschinengewehrabteilung des 1. bayerischen Armeekorps beim Manöver

Mit Sang und Klang durch die Straßen

Alsbald sind in den Münchner Kasernen über 52 000 Soldaten stationiert. Im »Deutschen Kriegsbuch – Tagesberichte und Stimmungsbilder von Daheim und Draußen«, das beim Verlag Knorr & Hirth in großer Auflage erscheint, wird über die wichtigsten Kriegsvorbereitungen im Lande berichtet. Dabei stehen die Truppenaussegnungen auf dem Johannisplatz im Stadtteil Haidhausen regelmäßig als »vorbildlich« im Mittelpunkt der Darstellungen. Unter dem Datum München, 14. August 1914 ist zu lesen:

»Fast jeder Tag bringt Abschiede und nicht nur die Tage sind es, an denen es scheiden heißt, auch in stillen Nächten wird die Stadt geweckt, ihren Söhnen ein Lebewohl darzubringen. So erklang in Haidhausen um Mitternacht ungewohnt das feierliche Geläute der Kirchenglocken, als die in den Schulhäusern im Osten einquartierten Reserveleute ausrückten, um vor der Johanniskirche den Segen für ihre Reise, die für manchen die letzte werden mag, entgegenzunehmen. Viele Hunderte von Angehörigen und Teilnehmenden hatten sich um die Notkaserne versammelt, und der Klang der Glocken hatte auch Unbeteiligte gerufen, die meist nur notdürftig bekleidet, auf die Straße eilten, den Soldaten ihren Abschiedsgruß zu entbieten. Brausende Hochrufe empfingen die zur Kirche ziehenden Krieger.«

Seit dem 10. August 1914 werden nahezu allabendlich Mannschaften aus ganz Bayern auf dem Johannisplatz verabschiedet. Bis zu 5000 Zuschauer drängen sich dann auf dem Platz. Ein dekorativer und farbenprächtig gestalteter Thronhimmel ist vor dem Eingang zur Johanniskirche aufgebaut. Die gesamte Geistlichkeit nimmt im Schein brennender Kerzen

Truppen-Aussegnung vor der Johanniskirche in Haidhausen, Postkarten

vor der Kirche Aufstellung. Die Truppen marschieren in grauer Felduniform und in 12er-Reihen auf.

»18. September 1914. Heute zieht das Landsturm-Bataillon Wasserburg ins Feld; es sind zunächst jene vier Bataillone, die sich gestern vom König verabschiedeten. Der Landsturm ist beim Scheiden mit Blumen fast überdeckt worden. Wo nur irgend ein Plätzchen war, über dem goldenen Kreuz an der schwarzen Mütze, auf dem Gewehr, am Patronengürtel, am Rucksack, aus den Taschen heraus lugte die Glut der Astern und Georginen. Wie ein Blumenbeet, das durch die Straßen wandelt, so kam Kolonne um Kolonne. Alles ernste, reife Männer, denen die Jahre schon zum Teil weiße Fäden durchs Haar gesponnen.«

Auch der Schriftsteller und Verleger Maximilian Harden ist vom Organisationstalent der militärischen Führung beeindruckt. Im Heft 1 der Münchener Illustrierten Kriegschronik schreibt er:

»Alles war in Ordnung. Größtes und Kleinstes genauso, wie es das Hirn des Strategen erdacht, sein Stift es vorgezeichnet hatte. Munition und Proviant, Kleidung und Schuhzeug, Zelte und Schmieden, Telegraph und Telephone. Kaum irgendwo fehlte beim Aufruf auch nur ein Mann, so sorgsam waren die Listen geführt. Jeder Soldat war gut gekleidet, beschuht, bewaffnet, mit der nötigsten Nahrung versorgt. Jeder Eisenbahnzug ging pünktlich ab. In jedem war jedem Soldaten sein Platz angewiesen und Raum für die Mannschaft gelassen, die unterwegs zusteigen sollte. Nirgends Wirrnis, Geknäule, vermeidlicher Lärm.«

Im allgemeinen Aufbruch aber bleiben Pannen und Unfälle nicht aus. Den Neulingen fehlt es noch an Übung im Umgang mit dem schweren militärischen Gerät:

»Schon die Abfahrt in München von unserem Quartier bei Maffei war mit Schwierigkeiten verbunden. Es hatte schon einige Zeit vorher geregnet und so war der Boden total durchweicht. Dazu kam, dass unsere Bespannung zum größten Teil aus Remonten und aus Bauernpferden bestand, die noch nie im Geschütz eingespannt waren. (…) Dann hieß es: ›Batterie zu Einem rechts brecht ab, marsch!‹ Das erste von rechts war mein Geschütz, aber das blieb elend im tiefen Schmutz

Der Landsturm marschiert auf dem Weg zum Hauptbahnhof am 18. September 1914 durch das Isartor.

stecken, so sehr die Fahrer schrien und auf die Pferde einhieben. (…) Und mein Bauernpferd, dem ich die Sporen gab, ging rückwärts statt vorwärts, sodass ich in die Bespannung geriet und mir die Deichsel auf den Kopf schnellte. Nicht viel besser ging es den anderen Geschützen. Doch schließlich gelangten wir doch auf die Straße und, nachdem wir uns im Englischen Garten gesammelt hatten, marschierten wir nach der Laderampe hinter Pasing.«[19]

»Vor der Ausfahrt!«

Truppen vor der Abfahrt am Hauptbahnhof

Munitionswagen und Soldaten zu Pferd im Münchner Ausstellungspark, Oktober 1914

»Nun kam ich zum Bairischen Reserveregiment Nr. 1 nach München. Das Ersatzbataillon dieses Regiments lag in der Kirchenschule. Der Kommandeur war Major Klug, der Klug-Kare genannt. Er führte eine rauhe Soldatensprache. (…) Als wir ins Feld abgestellt wurden, hielt er eine markige Ansprache mit dem Inhalt: ›Der Soldat weiß, dass er morgen tot sein kann.‹ Dann bekamen wir vor der Johanniskirche noch den Segen. Mit Marschmusik ging es dahin. Im Tal stand meine damalige Braut und spätere Frau. Sie begleitete mich bis zum Bahnhof und trug mir eine Strecke das Gewehr. An der Sperre gab's noch einen schnellen Abschiedskuss, dann ging es an die Front. Es war der 5. Januar 1915.«

WEISS FERDL (FERDINAND WEISHEITINGER) IN »WEISS FERDL ERZÄHLT SEIN LEBEN«,
HIER ZU SEHEN VOR DEM ABMARSCH ZUM MÜNCHNER HAUPTBAHNHOF

»Ein Geruch, als würden Schweine geschlachtet«

Schon am 18. August starten deutsche Truppen einen Großangriff und stehen zu Beginn des Septembers 1914 nur noch wenige Kilometer vor Paris. Die Schlagzeilen der Münchner Zeitungen überbieten sich vor Begeisterung. Der Durchbruch scheint gelungen. Doch dann kontern die Verteidiger mit einer massiven Gegenoffensive. Die deutschen Verbände werden wieder zurückgeworfen. Der Stellungskrieg in den Schützengräben beginnt. Schon zur Jahreswende 1914/15 hat die Front eine Länge von insgesamt über 1200 Kilometern.

Da die bisher eingezogenen Militärjahrgänge und Freiwilligen längst nicht mehr ausreichen, um die Verluste an der Front auszugleichen, müssen ab 1915 auch verheiratete Männer bis zum 45. Lebensjahr zur Musterung:

»Dann folgten in Zeiträumen von einem halben Jahr zum anderen die Nacktparaden, ekelhaft und entwürdigend wegen der unsagbaren Hässlichkeit des Vorganges, der schlotternden Gestalten kümmerlicher Hausväter, unterernährter Fabrikarbeiter und Kontoristen, dickbäuchiger Philister und dergleichen in ihrem säuerlichen Dunst und Muff, das schmutzige Hemd über den Arm gehängt. (…) Eine Viehherde, die von den Metzgern Stück für Stück abgetastet wurde, ob sie schon reif zum Schlachten sei. Da war auch nicht einer, der sich zum Schlachtentod gedrängt hätte. Diejenigen, denen das Donnerwort ›k.v.‹ entgegengeschleudert worden war, zogen wie vernichtet ihre Hosen wieder an.«[20]

Sogar minderjährige Jugendliche sind beim Militär willkommen. So können »kriegsfreiwillige Schüler« schon nach Beendigung der siebten Klasse des Gymnasiums eine vereinfachte »Kriegsreifeprüfung« als gültigen Schulabschluss ablegen. Alsbald befinden sich allein aus Bayern über 400 000 Mann an der Front.

Der spätere Staatsrechtler Carl Schmitt, der vor 1914 in der Szene der Schwabinger Boheme verkehrt und nach 1933 das Hitler'sche Macht- und Rechtsverständnis als juristisch-politische Notwendigkeit rechtfertigen wird, ärgert sich über

Karikatur von Thomas Theodor Heine in der Zeitschrift Simplicissimus, 1915

den drögen militärischen Alltag. Im März 1915 notiert er in sein Tagebuch:

»12. Freitag. Ich schreibe dies in einer Ecke des Münchner-Kindl-Saales, wo ich mich vor der Arbeit drücke. Eine unglaubliche Vergeudung an Zeit, unschön, sinnlos. (…) Nachher drückte ich mich, schlich in die Küche des Kindlkellers, trank dort Kaffee und aß Kuchen. Saß träumend und traurig unter den Küchenweibern und kam mir wie verzaubert

Einzug der ... erbeuteten französischen Kanonen zur Feldherrnhalle.

Die ersten französischen Geschütze kamen heute nach München. Es sind ihrer elf, lange Kanonen mit Rücklauf. (…) Mit den Kanonen waren 18 Protzwagen gekommen und die darin befindliche Munition. Die französischen Schrapnelle, die man hier sah, sind länger und dünner als die unseren. (…) Beim Ausparkieren, das nach drei Uhr erfolgte, hatten schon Frauen Eichenlaub herbeigebracht, um die Kanonen zu kränzen. Eine Artillerieersatzabteilung brachte um 5 Uhr die Geschütze zur Stadt. Der Zug, den zahlreiches Publikum schon in den äußeren Straßen erwartete, bewegte sich durch die Nymphenburger-, Brienner-, Ottostraße über den Karlsplatz zum Marienplatz, wo er um die Mariensäule fuhr, durch die Wein- und Theatinerstraße zur Feldherrnhalle, vor der bis auf Weiteres die Trophäen aufgestellt bleiben.

MÜNCHNER NEUESTE NACHRICHTEN, 25. AUGUST 1914

Truppenunterkunft im Münchner Kindl-Keller am Rosenheimer Berg; Ecke Rosenheimer Straße/Hochstraße

vor. An meine schöne Frau wage ich gar nicht zu denken. Inzwischen bin ich der Gegenstand des Mitleids und Interesses des Küchenpersonals. Aber der Kaffee hat mir gut getan. (…) Nachmittags musste ich exerzieren, in den Dreck legen. Ekelhaft.

16. Dienstag. Wieder Arbeitsdienst, herumgedrückt. Lungerte in der Küche herum, dachte nach, wie ich es am besten einrichte, um endlich aus dieser Schweinerei herauszukommen. (…) Die Betten stehen dicht aneinander, kein Schrank für die Kleider usw.; der Gestank ist nicht zum aushalten. (…) Überall in der Kaserne herrscht ein Geruch, als würden Schweine geschlachtet.«[21]

Diese Verhältnisse sind kein Einzelfall. Verpflegung und Bekleidung der Soldaten werden von Woche zu Woche schlechter. Auch die Löhnung ist miserabel. Ein einfacher Soldat muss den Monat über mit 15 Mark und 90 Pfennigen auskommen. Im Gegensatz dazu erhält ein Offizier schon als Anfänger das stattliche Gehalt von 210 Mark.

Als der Schriftsteller Lion Feuchtwanger zum Infanterieregiment König eingezogen wird, ist er von den dort herrschenden Bedingungen entsetzt. Die ihm zugeteilte Uniform ist »verschossen« und geflickt, die Stiefel sind zu groß und müssen »provisorisch mit Zeitungspapier ausgefüllt werden«. Die zum Stiefelputzen erhältliche Schuhwichse wird durch die winterli-

Ausbildung in der Artillerie-Kaserne, 1915

che Kälte hart und »muss mit Spucke wieder erweicht werden«. Auch die Mütze passt nicht.

»Die Soldaten mussten stundenlang im windigen, vereisten Hof der Kaserne um ihr Frühstück anstehen. Sie aßen aus Blechnäpfen. Am Abend vorher hatte es Brühe mit etwas Schweinefleisch gegeben. Das hart gewordene Fett löste sich beim Abspülen im kalten Wasser nicht auf, und so schwamm dieses am nächsten Morgen auf dem Zichorienkaffee.«[22]

Da ist es kein Wunder, dass von den Soldaten nicht nur an der Front, sondern auch in den Wartestellungen jede Menge Alkohol benötigt wird. Bei Löwenbräu beklagt man sich, dass inzwischen 30 Prozent der gesamten Produktion an das Militär abgeliefert werden muss. In den Mitteilungen der Handelskammer München vom 16. Juni 1915 wird vom Stellvertretenden Generalkommando noch einmal ausdrücklich auf die Verpflichtung zur »Sicherstellung des Bierbedarfes« für das 1. Bayerische Armeekorps hingewiesen:

»Von dem Bierausstoß der Brauereien des Korpsbezirkes, einschließlich des königlichen Hofbräuhauses und der Staatsbrauerei Weihenstephan werden bis auf weiteres wöchentlich 250 Wagen Bier beschlagnahmt. Hiervon trifft auf die Münchner Brauereien wöchentlich 140 Wagen Fassbier zu je rund 70 Hektoliter und 60 Wagen Flaschenbier zu je 5.500 ¾-Liter-Flaschen. Die restlichen 50 Wagen (Fassbier zu je rund 70

Auch Löwenbräu liefert Bier an die Front. Postkarte nach einem Motiv von Wilhelm Roesse, 1915

Münchner Bier fürs Militär, 1915

Hektoliter) haben die übrigen Brauereien des Korpsbezirkes aufzubringen.«

> Vom ersten Tag meines Soldatseins an überlegte ich stets nur das eine: Wie kannst du diesem Zwang, dieser Sinnlosigkeit entrinnen? Ich entwickelte in meiner Abwehr eine derart instinktsichere, abgebrühte Energie, dass ich manchmal über mich selbst staunte. Es wurde unmöglich, mich regelrecht militärisch auszubilden. Ich war nicht nur ein schlechter, ich war überhaupt kein Soldat. Nämlich, was mir auch zustieß, welchen Befehl ich auch bekam – ich lachte. Ich lachte aus vollem Halse und wurde dafür von den Unteroffizieren und Sergeanten schikaniert und eingesperrt, aber es half nichts – ich lachte.
>
> OSKAR MARIA GRAF IN »DAS LEBEN MEINER MUTTER«

Ein englischer »Tank« als »Kriegsbeute«, Postkarte 1914

Flugmaschinen und Kriegsgefangene in Puchheim

1910 wird in München die Akademie für Aviatik gegründet und in Puchheim ein erster zugehöriger Flugplatz gebaut. Zu den frühen Flugpionieren gehört neben dem Stiefsohn des Malerfürsten Franz von Stuck, Dr. Otto Erich Lindpaintner, der in Puchheim seinen Flugschein mit der »Nr. 10 des Deutschen Luftfahrerverbandes« erwirbt, auch ein Flugschüler mit dem auf den ersten Blick unscheinbaren Namen Gustav Otto. Dieser aber ist kein Geringerer als der Sohn von Dr. Nicolaus August Otto, dem Erfinder des Otto-Motors. Als Besitzer des Flugscheins Nr. 34 wird er die »Gustav Otto Flugmaschinenwerke« aufbauen und damit zum Begründer der bayerischen Flugzeugindustrie werden.

Schon 1912 erkennen die Militärs die Vorzüge der neuen wendigen Flugmaschinen, die im Gegensatz zu den langsamen, schwer zu lenkenden und mit Wasserstoffgas gefüllten Luftschiffen, flexibel und mit wenig Aufwand einsetzbar sind. Der militärischen Bedeutung entsprechend werden die Flugzeuge schon zwei Jahre vor Kriegsbeginn als »neue Vernichtungswaffe« eingestuft.

1914 wird der Flugplatz in Puchheim aufgegeben und in ein Lager für Kriegsgefangene umgewandelt. Nur wenige Tage nach Kriegsbeginn werden in den leer stehenden Gebäuden und Werkstätten rund 800 ehemalige französische Soldaten untergebracht. Einige Monate später aber leben in dem inzwischen um 40 Baracken erweiterten Bereich schon über 16 000 französische, englische, serbische und russische Gefangene. Gegen Kriegsende steigt die Zahl auf über 24 000 an.

Seit seinem Bestehen zieht das Lager jede Menge Schaulustige an, die dieses als Sensation ähnlich den Fremdenschauen auf dem Oktoberfest begreifen. Zusätzlich drängen sich dort immer mehr Berufs- und Amateurfotografen. Alsbald sieht sich das Generalkommando des I. bayerischen Armeekorps gezwungen einzugreifen und allzu aufdringliche Aktivitäten per Erlass zu verbieten.

Auch der Münchner Stadtanzeiger ist über das Verhalten der Neugierigen erstaunt. In der Ausgabe vom 22. August 1914 wird unter der Überschrift »Taktlosigkeiten« berichtet:

»Noch haben wir kaum einige Hunderte von feindlichen Gefangenen im Lande, beginnen schon die Klagen über hirn- und taktloses Benehmen gewisser Leute, namentlich weiblichen Geschlechts. Man rauft und drängt sich an die Gefangenen heran und überschüttet sie mit Schokolade, Obst und Zigaretten in maßloser Weise.«

Andere Beobachter aber schildern das Leben der Gefangenen als von Hunger und Entbehrungen geprägt. Neben der schlechten und zerlumpten Uniformkleidung der russischen Soldaten fallen insbesondere die von ungenügender Ernährung gezeichneten Gefangenen auf. Des Öfteren »verlieren« deshalb Besucher auch »kleinere Nahrungsreste«. »Hurtig bücken sich« die Kriegsgefangenen und »klauben sie aus dem Straßenstaube auf«.

Auf dem Oberwiesenfeld: »Die besten Flugmotoren der Welt«

Die Flugzeugproduktion wurde inzwischen auf das Oberwiesenfeld verlegt. Dort werden in den Gustav-Otto-Werken die legendären Doppeldecker mit ihren drahtverspannten Flügeln und den einfachen Holzpropellern gebaut. So steht zu Kriegsbeginn der bayerischen Militärluftfahrt tatsächlich eine Flotte von insgesamt 21 für den Kriegseinsatz allerdings nur bedingt tauglichen Flugzeugen zur Verfügung.

Die waghalsigen Piloten bekämpfen sich bis dato noch in Einzelduellen in der Luft. Mann gegen Mann wird mit herkömmlichen Handfeuerwaffen das Gefecht ausgetragen. Im Juli 1915 wird erstmals ein Maschinengewehr in ein Flugzeug eingebaut. Die verniedlichend als »Brieftaubenabteilung« titulierten Staffeln der Flugpioniere entwickeln sich so in kürzester Zeit zu gefürchteten »Kampfgeschwadern«.

1917 entstehen aus der Fusion der Firma Otto und der Flugmotorenfabrik Karl Rapp die Bayerischen Motoren-Werke AG, kurz BMW. Die dort produzierten Flugmotoren gelten inzwischen als die besten der Welt. Rund 3000 Personen sind alsbald mit der Herstellung von Kampf-Doppeldeckern beschäftigt. Der spätere Generalluftzeugmeister Ernst Udet, ebenfalls in der Flugschule der Gustav-Otto-Werke ausgebildet, erinnert sich:

»Am nächsten Tag benützte ich zum Frontflug zum ersten Mal eine BMW-Maschine und konnte einen enormen Unterschied dem Mercedes-Fokker gegenüber feststellen. Ich durfte nur mit Halbgas fliegen, um nicht meine Staffel zu übersteigen oder zu überholen. (…) Für den Kampf ist es ein beruhigendes Gefühl, zu wissen, dass man mit Kraftreserven rechnen kann.«[23]

> **BESTIMMUNGEN BEI FLIEGERGEFAHR FÜR DIE BESUCHER DES K. HOF- UND NATIONALTHEATERS UND DES K. RESIDENZTHEATERS.**
>
> Der diensttuende Spielleiter gibt von der Rampe aus die Meldung der Fliegergefahr bekannt und ersucht die Theaterbesucher in Ruhe und Besonnenheit den Zuschauerraum zu verlassen, sich unter Weisung der Logendiener und der Hausangestellten in die für die Zuschauer bereitstehenden Untertreträume zu treten und dort so lange zu warten, bis Gefahr vorüber gemeldet ist. Mit dem Austritt in die Logenumgänge ist bereits Sicherheit gegeben. Garderobeabgabe erfolgt nicht. Der eiserne Vorhang wird herabgelassen.
>
> K. B. GENERAL-INTENDANZ
> DER HOFTHEATER UND DER HOFMUSIK, 1917

Auch der Schriftsteller Klabund sympathisiert mit den Piloten und widmet ein Gedicht »Den gefallenen Fliegern«.

> Ihr sankt nicht umsonst in frühe Grüfte.
> Über eure Leichen hoch in die Lüfte
> – hört ihr es locken, hört ihr es rufen? –
> steigt schon der nächste Schwarm.
> Wir wollen so arm
> nicht am Boden stehn …
> Wir müssen den Himmel sehn …
> Ihr seid Stufen!

Der Begründer des Deutschen Museums, Oskar von Miller, sieht die Sache inzwischen allerdings schon etwas anders. Im Sommer 1917 feilt er an einer Rede, die er auf Wunsch des damaligen Reichskanzlers Georg Michaelis aus Anlass des dritten Jahrestages des Kriegsbeginns vor dem Berliner Reichstag halten soll. Der wortgewaltige Miller aber, von dem eigentlich eine markige Durchhalterede erwartet wird, kommt dabei überraschenderweise zu anderen Erkenntnissen:

Im Münchner Ausstellungspark eingelagerte Kampfflugzeuge, 1918

Illustration in der Neuen freien Volks-Zeitung in München 1918. Die miserable Bildqualität ist dem schlechten Kriegszeitungspapier geschuldet.

»Wer aber will heute feststellen, welche Grenzen, Befestigungen und welche Pufferstaaten ein Reich genügend zu schützen vermögen, sobald einmal Luftgeschwader, ungleich größer und mächtiger als wir heute ahnen, über jede Grenze hinwegfliegen und die Hochöfen, die Waffenfabriken und ganze Städte vernichten? Einen Schutz gegen solche Gefahren kann keine Grenzverschiebung bieten, ihn kann einzig und allein die friedliche Verständigung der Völker gewähren, die für unsere heutigen Feinde genauso wichtig ist wie für uns und die deshalb das Ergebnis dieses Krieges bilden sollte. (…) Wenn es gelänge den Völkern die Wahrheit klarzumachen, dann müsste der unsägliche Hass verschwinden, dann müssten sie endlich zu der Überzeugung kommen, dass man nicht Krieg führt so lange man kann, sondern nur so lange man muss, dann würden sie endlich einsehen, dass der Friede wichtiger ist als der Sieg, damit die gesamte Menschheit wieder zurückkehren kann zu ihrer Arbeit, damit die Industrie aller Völker wieder aufhört nur Mordwaffen zu schmieden, sondern wieder Kulturwerte schafft zum Ruhme des eigenen Landes, zum Wohle des eigenen Volkes, aber auch zum Heil und Segen für die ganze Welt.«[24]

Doch die Rede wird nicht gehalten werden. Nach Einsichtnahme in das Manuskript durch den Reichkanzler wird der Beitrag Oskar von Millers von der Tagesordnung abgesetzt.

Die Prognosen Millers aber decken sich zum Teil mit Befürchtungen, die einem Briefentwurf des Malers und Akademiedirektors Friedrich August von Kaulbach zugrunde liegen. Zu Kriegsbeginn noch Gestalter des martialisch-grimmigen Bildes »Germania August 1914«, ist Kaulbach inzwischen entsetzt von den Einsätzen der Luftwaffe. Insbesondere die Bombardierung und Zerstörung von »unersetzbaren Kulturwerten« beschäftigt ihn. Der überraschend devote Stil des Schreibens zeigt, welchen Respekt die militärische Führung bei so manchem bekannten und renommierten Künstler genießt:

»In tiefer Sorge um einen der höchsten ethischen Werte dieser Erde, wagen es die Unterzeichneten, der hohen obersten Heeresleitung eine Bitte zu unterbreiten.

Der letzte Luftangriff auf Venedig hat die Stadt bereits an vielen Stellen schwer beschädigt. Die Befürchtung, dass noch einschneidendere Zerstörungen durch Wiederholung solcher Angriffe zu erwarten sind, veranlassen uns Unterzeichnete zu der flehenden Bitte, von der Waffe der Luftbomben in diesem Falle absehen zu wollen. Mit der Vernichtung solcher höchster Kunstgüter wird etwas aus der Welt geschafft, das keine Zeit, keine Menschenhand je wieder zu ersetzen und zu reparieren vermöchte. Venedig, ein Unikum, ein Juwel an Schönheit und Poesie ist nicht Eigentum des heutigen Italiens; solch ein Ewigkeitswert gehört der ganzen gebildeten Menschheit, die es seit vielen Jahrhunderten als etwas Heiliges konservierte und verehrte. Wie würde Gegenwart und Nachwelt es einem Feldherrn danken, der uns dieses Wunder der Menschenphantasie selbst mit dem Opfer eines militärischen Vorteils erhielte!«[25]

Nach Abschluss des Versailler Vertrages im Jahre 1919 ist der Bau von Flugzeugen in Deutschland verboten. Die noch vorhandenen Maschinen werden zerstört. Die Bayerischen Motoren-Werke spezialisieren sich deshalb neben der Entwicklung von Motoren auf die Herstellung von Krafträdern. Erst 1928 erwirbt BMW die Eisenacher Dixi-Werke und beginnt mit dem Bau von Automobilen.

Als Folge des Versailler Vertrages müssen auch die sich in München befindenden Militärflugzeuge zerstört werden.

Pressedruck des im August 1914 entstandenen Gemäldes »Germania« von Friedrich August von Kaulbach

BOMBEN AUF MÜNCHEN

Am 17. November 1916 fallen erstmals mehrere Bomben auf München. Sie werden von einem französischen Fliegerhauptmann namens Beauchamp, der sich gerade auf einem Flug nach Italien befindet, abgeworfen. Eine der Bomben, die insgesamt keine größeren Schäden anrichten, landet in einem bretterverschlagenen Brunnen am Sendlingertorplatz. Eine große Zahl Neugieriger findet sich alsbald ein.

Unter der Überschrift »Verständigung der Einwohnerschaft bei Fliegergefahr« informiert inzwischen auch die Münchner Presse über »Warnsignale bei Luftangriffen«:

»1. Mit den Sirenen werden 3 Alarmzeichen gegeben.

2. Die Feuerwehr durchfährt bis auf weiteres mit zwölf besetzten Automobilen die Hauptstraßen und -plätze des Stadtgebietes und gibt dabei stoßweise Hupensignale. Bei Tag werden außer mit der Hupe auch noch mit einer gelben Fahne Zeichen gegeben.

3. Die Straßenbahnen stehen still.

4. Bei Nacht wird außerdem die elektrische Straßenbeleuchtung ausgeschaltet. Als Zeichen ›Gefahr vorüber‹ wird ein langgezogenes Zeichen mit den Alarmsirenen gegeben. Die Straßenbahnen verkehren wieder. Bei Nacht wird die elektrische Straßenbeleuchtung wieder eingeschaltet.«

Lazarettstraßenbahnen mit Tragbahrenfächern

Mitte August 1914 ist auch der Schriftsteller Ernst Toller unterwegs zur Front. Bei einem Zwischenaufenthalt an einem ungenannten Bahnhof entdeckt er einen auf einem Nebengleis wartenden Lazarettzug mit Schwerverletzten und Verwundeten. Toller ist sichtlich geschockt:

Spendenaufruf für Kriegsbeschädigte

»An Krücken humpelt mit zerrissenen und blutbefleckten Kleidern einer, dem sie ein Bein weggeschossen haben. Ich sehe zum ersten Mal einen Verwundeten. Ich sehe ein lehmgelbes, eingefallenes Gesicht, müde, blicklose Augen, in der Brust spüre ich einen stechenden Schmerz, ich habe Angst, ich will keine Angst haben, ich will nicht weich werden, was liegt an uns, ich denke an Deutschland.«[26]

Zur selben Zeit treffen auch in München die ersten Verwundetenzüge ein. Im Deutschen Kriegsbuch wird berichtet:

»Die Heimkehr der Helden

Durch die Glaskuppel des Hauptbahnhofes leuchtete die Abendsonne, als der Zug einfuhr, der 14 kampfunfähige Austauschgefangene nach München brachte. Die Sanitätsmannschaft erwartete sie und half ihnen behutsam beim Aussteigen. Acht von ihnen hatten einen Fuß verloren; sie humpelten auf Krücken oder mit einem Stelzfuß einher. (…) Nach viertelstündiger Erholung begaben sie sich in den südlichen Vorhof, von wo sie ein Autoomnibus mit Beiwagen in ein Reservelazarett brachte.«

Obwohl zahlreiche Schulen in Lazarette umfunktioniert und in den Krankenhäusern alle leer stehenden Betten für Mannschaften und Offiziere reserviert sind, reichen die vorhandenen Kapazitäten bei Weitem nicht aus. Schon am 31. August 1914 ist das Reservelazarett im Krankenhaus rechts der Isar mit seinen 200 freigestellten Betten hoffnungslos überfüllt. Nach der Einlieferung von 100 Schwerverletzten aus der von der Münchner Presse noch begeistert gefeierten »siegreichen Lothringer Schlacht« folgen zum Entsetzen des Krankenhauspersonals weitere Kriegsopfer. Allein der dritte Verwundetenzug bringt zusätzlich 220 Menschen.

ARBEITSNACHWEIS FÜR VERWUNDETE

Beim Arbeitsnachweis für Verwundete sind zur Zeit in größerer Anzahl Lazarettinsassen vorgemerkt, die infolge ihrer Verletzungen nur sitzende oder teilweise sitzende Arbeit verrichten können. Ferner sind verschiedene Leute vorhanden, die für Ausgeherdienste oder sonstige leichtere Arbeiten geeignet sind und täglich 2–6 Stunden zur Verfügung stehen. Arbeitgeber, die für solche Arbeitskräfte Verwendung haben, können sich persönlich, schriftlich oder telephonisch (unter Nummer 51221, Nebenstelle 10 und 11) an das städtische Arbeitsamt (Thalkirchnerstraße 54/0, Zimmer Nr. 18) wenden.

ANZEIGE DES ARBEITSAMTES IN DEN MÜNCHNER TAGESZEITUNGEN

Um den Transport zwischen den Zugverbindungen und den Verletztenstationen zu beschleunigen, werden ehemalige Sommerwagen der Straßenbahn umgebaut und mit nebeneinander in »Viererreihen aufgestapelten Tragbahrenfächern« verwundetentauglich eingerichtet. Zwölf Lazarett-Straßenbahnzüge, auch während des Krieges noch mit den von den Sommerwagen herstammenden weißblauen Leinenvorhängen ausgestattet, sind alsbald im Münchner Stadtgebiet unterwegs. Provisorisch installierte Notgleise führen zu den jeweiligen Zielorten.

Neu eingerichtetes Lazarett in einem der großen Münchner Bierkeller

Straßenbahn-Lazarettwagen im Zollamt an der Landsberger Straße

Neugierige drängen sich an einen Trambahn-Lazarettwagen mit Verwundeten, September 1914

EIN FRÖHLICHER NACHMITTAG

In den edlen Wettbewerb, unseren Verwundeten Vergnügen und Zerstreuung zu bieten, war am Donnerstagnachmittag auch Brauereibesitzer Hans Wagner eingetreten. Das Konzerthaus an der Sonnenstraße öffnete seine Pforten, um gastlich Verwundete aus allen Münchner Lazaretten aufzunehmen. Schon ihre Anfahrt in Sonderwagen der Elektrischen erregte Aufsehen. In Scharen strömten die Feldgrauen herbei; nicht weniger als etwa 1200 waren gekommen und füllten den großen Saal, der in Verbindung mit dem nach rückwärts gelegenen offenen Garten einen luftigen und angenehmen Aufenthalt bot. Manche der Gäste kamen an Stöcken und Krücken, der eine und andere hatte einen Fuß, einen Arm dem Vaterlande geopfert. Dieser und jener trug noch einen dicken Verband um den Kopf als Andenken an eine glücklich überstandene gefahrvolle Verwundung. In treuer Kameradschaft fand dieses feldgraue Parkett von Kämpfern aller Waffen sich zusammen, und bald brachten die Klänge des Münchner Tonkünstlerorchesters unter Emil Kaisers Leitung eine frohe Stimmung in Fluß. Direktor Fränznick entbot die Grüße des Hauseigentümers und gedachte in patriotischer Weise unserer siegreichen Armee und ihrer Führer, des Kaisers und des Königs. Auf sie brachten die Krieger ein schallendes Hurra aus, die Musik spielte die Königshymne und ›Deutschland, Deutschland über alles‹. Mit dankbarer Freude nahmen die Gäste die Weisen auf, die das Tonkünstlerorchester spielte. Dann trat der Humor in seine Rechte. Einer unserer besten Komiker, Karl Valentin, der allabendlich mit seiner Gesellschaft in ›Wien in München‹ spielt, stellte sich in den Dienst der guten Sache. Schon sein Erscheinen entfesselte stürmische Heiterkeit. Als er dann aber seine Klapphornverse vortrug und darauf sein Violinsolo mit Hindernissen folgen ließ, da dröhnten wahre Lachsalven durch das Haus, eine ansteckende Heiterkeit ergriff ausnahmslos alle. Zwei kleine Einakter, zugeschnitten auf dieses Publikum und von der Gesellschaft Valentin dargestellt, deren Hauptstützen die Herren Flemisch und Wenninger, Frau Wach und Frl. Karlstadt sind, wurden nicht minder bejubelt. (27)

FÜR IHRE AUFTRITTE IN KRIEGSLAZARETTEN WIRD LIESL KARLSTADT MIT DEM KÖNIG-LUDWIG-KREUZ AUSGEZEICHNET.

Verwundeten-Führung im Schwanthaler-Museum. In der Mitte der »Kopf der Bavaria«, 1917

»Sterben ist des Lebens größte Tat«

Am 28. August 1914 werden im Münchner Waldfriedhof erstmals »Weltkriegstote« bestattet. Schon einen Tag vorher aber verbietet das Kriegsministerium der Presse die Veröffentlichung exakter Verlustlisten der jeweiligen Verbände. Im Stadtbild wird das große Sterben dennoch sichtbar. Immer mehr schwarz gekleidete Frauen sind in den Münchner Straßen zu sehen.

»Seitdem wir Zeitung lesen, lesen wir mit Angst, greifen hastig nach dem ekeligen Holzpapier, und alle Menschen greifen so nach der Zeitung, die nicht mehr ihre Zeitung ist, mit Gier, Sorge, Hast. Da stehen die Todesanzeigen, nicht mehr die großen für die großen Leute, von denen die Eltern früher immer sagten: der ist aber oft gestorben, denn die Witwe, und der Aufsichtsrat und der Regimentsverein hatten es angezeigt. Jetzt gibt es fast nur noch Reihen von eisernen Kreuzen vor kleinen Anzeigen. Seit der Sommerschlacht wird so einheitlich gestorben, generationenweise, bald kommen wir dran.«[28]

Allein in den ersten fünf Kriegsmonaten kommen über 1800 Münchner ums Leben, im darauffolgenden Jahr 3000.

Verwundete Soldaten bei einer Führung vor dem Prinzregent-Luitpold-Denkmal, 1916

Die Todesanzeigen in den Zeitungen nehmen zu.

Die Münchner Illustrierte Zeitung richtet eine eigene Rubrik mit dem Titel »Deutscher Heldensaal« ein, 1914

Der Reichsbund jüdischer Frontsoldaten wehrt sich mit Flugblättern gegen antisemitische Propaganda.

Todesanzeigen für gefallene Schüler der Buchdrucker-Fachschule, Herbst 1915

1916 sind noch einmal 3200 Tote zu beklagen. Am Ende sind es in ganz Bayern insgesamt nahezu 200 000 Soldaten, die nicht mehr aus dem Krieg zurückkehren.

Auch das Leibregiment, das am 5. August vormittags um acht Uhr von König Ludwig III. in der Hofgartenstraße noch stimmungsvoll verabschiedet wird, bleibt nicht verschont. Schon in der zweiten Kriegswoche sind nach einem Gefecht in den Straßen von Badonviller in den Vogesen 132 Tote zu beklagen. Insgesamt wird allein das Leibregiment, das immer wieder mit jungen Soldaten »aufgefüllt« wird, bei Kriegsende über 3500 Tote zählen. Der Komponist und Regimentsmusikmeister Georg Fürst nimmt dennoch das erste Gefecht zum Anlass, den Badonviller-Marsch, später bekannt als Badenweiler-Marsch, zu komponieren.

> Karl Bühler, geboren am 18. Juni 1891 in München, der sich am Mobilmachungstage zum Zwecke kaufmännischer Studien in Paris aufgehalten hatte, folgte mit Begeisterung dem Kriegsruf und erreichte gerade noch vor Schließung der Grenzen deutschen Boden. Am 14. August 1914 verließ er als Munitions-Unteroffizier der 2. Ersatz-Batterie des 1. bayerischen Feld-Artillerie-Regiments München und wurde in Schlettstadt (Unterelsaß) ausgeladen. Dicht an der französischen Grenze erhielt die Batterie bereits am 23. August die Feuertaufe. In diesem ersten Feuerkampf fiel auch Kurt Bühler für sein deutsches Vaterland.
>
> »GEDENKBUCH« FÜR JÜDISCHE GEFALLENE, 1929

Am 16. März 1917 reist Bischof Dr. von Keppler zu einer Veranstaltung des Katholischen Caritasverbandes München in der damaligen Tonhalle an der Türkenstraße an. Zur Gedenkfeier für die gefallenen Münchner Soldaten sind auch die Spitzen der Stadt und Vertreter des Königshauses eingeladen. Im völlig überfüllten Saal führt von Keppler in einer seltsam gespenstischen Rede aus:

»Sterben ist des Lebens größte Tat. (…) Unsere Helden zerbrechen den Stachel des Todes durch freiwilligen Verzicht auf das Leben, diese Menschenleben enden nicht mit Lebensverneinung, sondern mit heldenhafter Todesbejahung. (…) Sie haben das höchste geleistet. Ihr Lebenswerk ist kein Torso, sie sind Frühvollendete.«[29]

Etwas näher an der Kriegswirklichkeit ist da schon ein Kompanieführer, der über den Fronteinsatz des Münchner Divisionspfarrers Pater Rupert Mayer berichtet. In seinen Ausführungen werden das Grauen des Kriegsgeschehens und die brutale Wirklichkeit eines Kampfeinsatzes deutlich:

»Es war in den Sommerkämpfen des Jahres 1916, die so hart waren, dass mein Bataillon, das mit 900 lebenden Bayern nach vorne gegangen war, nach acht Tagen auf 229 zusammengeschossen, dann, nochmals aufgefüllt mit neuen Kräften auf 770 Mann, mit knapp 110 Mann herausgekommen ist. In diesen furchtbar harten Kämpfen war ein Mann in der Division, der vom ersten bis zum letzten Tag des Einsatzes, vom 20. Juli bis zum 13. August, in der vordersten Linie war – Pater Mayer. Wenn die zerschossene vorderste Linie versucht hat, die Munition nachzubringen, das Essen herzuschaffen, die eingeebneten Gräben einigermaßen wieder zu vertiefen, damit man sie halten kann, ist dieser Mann gekommen mit sämtlichen Sanitätern der Division und hat Nacht für Nacht die Verwundeten zurückgeschafft. Was das heisst, kann nur der Feldsoldat ermessen! Wenn so ein Überfall an der Somme gekommen ist, hat jeder Infanterist in sein Loch kriechen können, die Verwundetentransporte mussten aber durch dieses Sperrfeuer hindurch. Es ist begreiflich, wenn jeder Sanitäter seine Trage zum Teufel geworfen hat und in das nächste Loch verschwunden ist. Es war unmöglich, in diesem Feuerüberfall auch nur zu atmen …«

»Sonst alles in ausgezeichneter Stimmung«

Aus dem Tagebuch des Infanteristen Erhard Sonnengruber, München, Kriechbaumhof 2b:

Am 24.1.1915, Sonntag, 9:17 Uhr ab München Hauptbahnhof das 2. Mal ins Feld. Die Musik begleitete uns zum Bahnhof (vom Hauptmann und Leutnant begleitet), auf dem Tornister die Taschentücher.

Um 9:30 Uhr Augsburg, Tee und Brot, Neuoffingen.

1:20 Uhr, Neuulm.

14:25, Aufenthalt bis 6:45 Uhr, graue Decken gefasst. Einen Teil der Befestigung gesehen. Altulm um 6:45 Uhr, mehr Liebesgaben bekommen.

Leimstetten an um 7:35 Uhr und ab 10:08 Uhr nach Bittigheim 12:10 Uhr.

Am 25. Januar verpflegt mit Wurst, Butter. (…) Als wir auf der Bank im Wagen schliefen, verließ der Zug die Deutsche Erde, unsere Heimat. Gegen Morgen um 7.00 Uhr hielt unser Zug in Landen in Belgien. Hier wurden wir wieder verpflegt und zwar ganz gut. Wir passierten noch Terlemont. Die Fabriken waren fast alle in Betrieb. Es fällt einem in Belgien und Frankreich auf, dass die Häuser fast alle ohne Ausnahme im Rohbau dastehen. Es macht gegen unsere Häuser in Deutschland einen schlechten Eindruck. (…)

> Das ist das Tagebuch meines Bruders Erhard Sonnengruber, Maschinenschlosser und Kriegsfreiwilliger im Reserve-Infanterie-Regiment Nr. 16, 11. Kompanie.
> Den Heldentod für's Vaterland gestorben am 12. März 1915, morgens 8 Uhr durch einen Kopfschuß beim Sturmangriff.
>
> ALBERT SONNENGRUBER

Außerhalb Mons sahen wir große Bergwerke. Man erkannte sie gleich an den riesigen Kohlenhaufen und Schornsteinen. Überall wurde geschafft. Hier konnten wir uns einen Begriff machen, welchen Wert Deutschland aus Belgien schöpfen kann. Valeneihes kehrten wir um 18.20 Uhr den Rücken und kamen um 11.00 Uhr in Madeleine an.

Wir stiegen aus, einige übernachten in einer großen Halle. Wir und der Rest in leeren Waggons. Es fror uns sehr in der Nacht. Abends und morgens bekamen wir je einen Trinkbecher Kaffee, sonst nichts. Morgens um acht Uhr marschierten wir ab nach Comines. Einige liederliche französische Mädchen gaben uns noch kurz das Geleit. Am 27. etwa gegen 12.00 Uhr mittags, kamen wir dort an. (…)

Albert Sonnengruber beim Militär, Aufnahme vom 23. April 1917

Das Essen war nicht schlecht und reichlich. Wasser durfte keines wegen Typhusgefahr getrunken werden. Wir bekamen deshalb morgens, mittags und abends entweder schwarzen Kaf-

Die Familie Sonnengruber

fee, Tee oder Kakao. Etwa alle zwei Tage bekamen wir Zigarren. Jeden Tag Käse oder Butter, manchmal auch Wurst noch zum Mittagessen dazu. Das eigentliche Mittagessen bestand aus etwas Fleisch mit Kartoffeln und Bohnen, alles durcheinander gekocht. (…)

Tagsüber donnerten die Geschütze der nahen Front herüber, meist sehr stark. Ein schönes Schauspiel ist, wenn die Artillerie mit Schrappnells auf Flieger schießt und sie verfolgt. Doch ich sah nie, wie einer heruntergeschossen wurde. (…)

Am 4. 2. 1915 früh neun Uhr Aufstellung der Kompanie. Gruppenweise Ziel- und Anschlagübung. Abends machte ich einen traurigen, interessanten Besuch. Ich besichtigte die Gräber unserer Kameraden in Comin. Sie sind teils Massen-, teils Einzelgräber für Mannschaften und Offiziere. Es machte auf mich einen erhebenden Eindruck, wenn ich ein Grab bemerkte, in dem ein Freund und Feind friedlich beisammen ruhten. (…)

Am 5. 2. 1915 früh acht Uhr Abmarsch zum Exerzieren. Der Tag war einzig schön. (…) Abends wurde bekannt, dass wir nachts 2.00 Uhr zum Schützengraben abmarschieren.

Am 6. 2. 1915 früh 2 Uhr Abmarsch zum Graben. Der Himmel ist bewölkt. Bis zur Front sind es etwa drei Stunden. Der Weg geht durch Belgisch-Comin, Warneton, Messines. Warneton ist schon stark zerschossen. Man sieht schon tote Pferde. Leuchtkugeln leuchten da und dort auf. Ab und zu treffen wir wieder abgelöste Mannschaften und auch Bagagewägen. Etwa gegen 5.00 Uhr kamen wir nach Messines. Kein einigermaßen ganzes Haus, schrecklich zerschossen. Manchmal fällt man in ein kleines Granatloch auf der Straße. Langspaten werden gefasst, die Gewehre geladen. Nach 20 Minuten in den Gräben. Außerhalb Messines werden die Züge auseinandergezogen. Ein Unteroffizier aus der abzulösenden Mannschaft führt je einen Zug. Lautlos wird marschiert. Schon pfeifen die Kugeln, aber einzeln. Bald kommen wir in die Laufgräben und dann glücklich ohne Verluste in die Gräben. Sie sind gut ausgebaut. Der Platz wird eingenommen. (…)

Am 7. 2. 1915 das Wetter schlecht. Gestern abend Essen fassen. Der Weg denkbar schlecht. Heute morgen Bretter für einen Unterstand für den Kompanieführer. Weg weit und unsicher wegen der vielen Gräben. In der Nacht fortwährend mit Leuchtkugeln und Scheinwerfern gearbeitet. Rechts von uns starkes Einzelfeuer. Feindliche Handgranaten geworfen. Einige Verwundete. Morgens gabs Kaffee und Speck. Letzterer wurde geröstet im Ofen des Unterstandes. Einzelnes Schützenfeuer. Einer von uns schoß hinüber. Ein Engländer winkte mit Spaten ab. Kein Artilleriefeuer. Keine Flieger gesehen. Die Engländer schossen nochmal durch Schießscharten. Sonst nichts besonderes. (…)

Am 21. 2. 1915 ist das Wetter schön, doch mehr Nebel, es wird wenig geschossen. Abends dann Unterstand schön hergerichtet, war auf Horchposten. Der Horchposten befindet sich 50 – 60 m vor dem Schützengraben. Er hat die Aufgabe, sogleich bei einem feindlichen Angriff die im Graben befindliche Mannschaft zu alarmieren. Einer von den zwei Mann geht so rasch als möglich zurück und macht dem Kompanieführer Meldung, der andere muss ausharren, bis es nicht mehr geht. Der Horchposten ist deshalb sehr gefährlich, besonders bei Nebel wie er jetzt auftritt. Vom Horchposten zum Graben geht auch meistens eine Handschelle.

Am 22.2.1915 noch etwas weiter am Unterstand gearbeitet und fertig gemacht. (…) Im Schützengraben sieht man hübsch getaufte Unterstände z. B. »Villa daheim«, »Kaffee für Nachtschwärmer« und eine im Graben fließende Quelle heißt: »Antoniusquelle, silberhelle Gottesgabe, den Trinker labe«. Eine Antoniusstatue ziert auch noch die hübsche Stelle. In vielen Unterständen steht eine Statue eines Heiligen oder hängt ein Kreuzzeichen. (…)

Am 27.2.1915 war das Wetter regnerisch, doch klar. Es gab, von gestern wie gewöhnlich, mit je einer Gruppe einen Trinkbecher Schnaps und auch eine Zigarre. Wir bekamen drei Laib Brot und drei Säckchen Zwieback. Es wird wieder stark geschossen. Rechts von uns wird ein Kamerad verwundet. Ich höre ihn um Hilfe rufen. Im Graben, wie auch vorne im Schützengraben befinden sich Pumpen, um das Wasser herauszupumpen, das sich fortwährend ansammelt. (…)

Am 3.3. nachmittags schoss die englische Artillerie mit etwa 30 cm Geschütz auf unsere Gräben. Nach 7 Schüssen war der Schutz unserer Gräben dahin. Die Splitter und die Erdstücke schleuderte es haushoch in die Luft. Mehrere Fenster von den Unterständen waren eingedrückt. Ein solches Granatloch hat eine Tiefe von drei Metern und den entsprechenden Umfang. Wir waren froh, dass die Nacht hereinbrach und wir am Morgen des 4.3. früh um halb zwei Uhr abgelöst wurden.

Wir erfuhren erst einige Tage später, dass der Schützengraben vollständig zusammengeschossen wurde und diejenige Kompanie, die uns abgelöst hatte, viele Tote und Verwundete hatte. Wir hatten also großes Glück, denn jeder fällt lieber im Angriff, als wehrlos im Graben. (…)

Am 8.3.1915 morgens kein besonderer Dienst. Nachmittags Feldmarsch mit Appell, abends 7 Uhr Antreten zum Abmarsch des Bataillons. (…) Dann wurde durch die Stadt marschiert, in einen Vorort, wo wir Quartier nahmen. Es war hier noch zivil. Uns wurde zuerst ein Gehöft angewiesen. Einige mussten im Hof schlafen. (…) Wir waren in strenger Bereitschaft. Mich wunderte, dass wir den Marsch bei Tag machen durften, da die Gräben ganz nahe waren. Doch es war ein wenig neblig. In der Ortschaft sah ich noch einen gefangenen (verwegenen) Inder, dann warteten wir mit Sehnsucht auf die Feldküche. Sonst war alles in ausgezeichneter Stimmung.

Der Haidhauser Soldat Marian Keim posiert vor seiner zu Kriegsbeginn erworbenen Kamera.

Der Soldat H. Rambold auf einer Aufnahme des Fotostudios »Apollo«. Die Rückseite gibt die Adresse des Fotostudios an: Die Äussere Maximilianstraße ist heute die Max-Planck-Straße zwischen Maximilianeum und Max-Weber-Platz.

Künstler ziehen in den Krieg

> »Es wird wohl so kommen, wie es ein gescheiter Italiener prophezeit hat: ein Vierteljahr nach Friedensschluss werden sich die meisten dessen schämen, was sie während des Krieges geschrieben haben.«
>
> LION FEUCHTWANGER AM 12. NOVEMBER 1914 IN DER »SCHAUBÜHNE«

»Endlich bin ich Soldat«

In München kokettieren einige Künstler schon lange vor 1914 mit der Sehnsucht nach kriegerischen Abenteuern und existenziellen Gefahren. Man ist gelangweilt vom bürgerlichen Alltagsleben. Alfred Walter Heymel, zusammen mit Otto Julius Bierbaum und Rudolph Alexander Schröder, Gründer des auch heute noch existierenden Insel Verlages und damals der »eleganteste aller Schwabinger«, formuliert dies in einem 1913 erschienenen Gedicht so:

Es fehlt uns vielen Dienst und Ziel und Zwang,
die allen nottun und so wenige wollen;
so schmachten wir in Freiheit sonder Siege.
Im Friedenreichtum wird uns tödlich bang.
Wir kennen Müssen nicht noch Können oder Sollen;
wir sehnen uns, wir schreien nach dem Kriege.
Inzwischen aber sind auch andere vom kriegerischen

Geschehen fasziniert und begrüßen ähnlich wie Max Halbe, Klabund (eigentlich Alfred Henschke) und Joachim Ringelnatz (eigentlich Hans Gustav Bötticher) die Entwicklung. Rainer Maria Rilke erkennt im Krieg eine »elementare, mythische Macht«, die den Menschen über das »alles in allem belanglose Leben« erhebt, und der Bildhauer Adolf von Hildebrand schreibt im September 1914 wehmütig an Kronprinz Rupprecht: »Was gäb' ich drum, so eine Schlacht beobachten zu können.«

Am Künstlerstammtisch in der renommierten Torggelstube am Platzl sind neben Frank Wedekind und Max Halbe seit Kurzem auch hohe Militärs anzutreffen. Sie sind über den Schauspieler Gustl Waldau, der eine einflussreiche militärische Position bekleidet, zu diesem Kreis gestoßen.

Hugo Ball, Dramaturg an den Münchner Kammerspielen und der Schriftsteller Ernst Toller, der während der Räterevolution 1919 Abschnittskommandant der Roten Armee sein wird, melden sich ebenso freiwillig zum Kriegseinsatz wie die Maler Franz Marc, August Macke und Albert Weisgerber. Ernst Toller bekennt:

»Ja, wir leben in einem Rausch des Gefühls. Die Worte Deutschland, Vaterland, Krieg haben magische Kraft, wenn wir sie aussprechen, verflüchtigen sie sich nicht, sie schweben in der Luft, kreisen um sich selbst, entzünden sich und uns.«[30]

Seltsame Szenen spielen sich ab. Der schmächtige Toller bewirbt sich in den verschiedensten Kasernen, wird aber bei der Infanterie ebenso abgewiesen wie bei der Kavallerie. Man

Der Maler Albert Weisgerber in seinem Atelier 1914

Adolf Hitler angehört, an der Front in Frankreich. Der Literaturwissenschaftler und »Theaterprofessor« Artur Kutscher wird Kompanieführer des Landwehr-Reserve-Infanterie-Regiments 92 und Arnold Zweig, der sich nach 1918 am Starnberger See niederlassen wird, ist im Hauptquartier des Oberkommandos der Ostfront beschäftigt. Sein Vorgesetzter ist kein geringerer als der »Weltkriegsgeneral« Erich Ludendorff.

> Der Gott, der Eisen wachsen ließ,
> Der wollte Deutsche Helden.
> Wer jetzt noch einer werden will,
> Der muss sich schleunigst melden.
>
> VOLKSMUND

Auch Paul Klee ist inzwischen beim Militär und dient vorerst als Landsturmmann. Später wird er zur Flieger-Ersatzabteilung nach München-Schleißheim, dann zur bayerischen Fliegerschule V in Gersthofen bei Augsburg abkommandiert, wo er mit dem Lackieren und Bemalen von Flugzeugen beschäftigt ist. In seinen Tagebüchern ist diesbezüglich vermerkt:

»Ich streiche Staffeleien mit Lack an. (…) Zwei Wandtafelgestelle lasiert. An Aeroplanen alte Nummern ausgebessert, neue vorn hinschabloniert.«

Sogar der nicht mehr ganz junge Frank Wedekind gibt sich national. Am 18. September 1914 eröffnet er mit einer patriotischen Rede unter dem Motto »Deutschland bringt die Freiheit« eine »Vaterländische Feier« in den Münchner Kammerspielen. Nach der Verlesung eines Gedichts von Ludwig Thoma kommt eine von Klabund verfasste Szene mit dem Titel »Russland marschiert« zur Aufführung. Ort der Handlung ist eine »Petersburger Schnapskneipe«. Nur drei Tage später, am 21. September 1914, notiert Frank Wedekind in seinen Kalender: »Plane ein Bismarckdrama.«

Inzwischen drängen auch immer mehr Fotografen und Schlachtenmaler an die Front. Der »Ratgeber für die Kriegshilfe in München« aus dem Jahre 1915 empfiehlt, diesbezügliche Bewerbungen an den stellvertretenden Generalstab in Berlin

braucht keine Freiwilligen mehr. Die Kasernen sind mit Bewerbern überfüllt. Erst später erbarmt sich ein Musterungsarzt dem Bittsteller. Toller kommt zum 1. Bayerischen Fuß-Artillerie-Regiment.

»Die alte vertragene Uniform schlottert um meine Glieder, die Stiefel drücken mich und meine Füße schmerzen, aber ich bin stolz, endlich bin ich Soldat, aufgenommen in die Reihen der Vaterlandsverteidiger.«

Joachim Ringelnatz wird als Bootsmannsmaat nach Kiel eingezogen und später nach Cuxhaven versetzt. Albert Weisgerber, Vorsitzender der Künstlergruppe Münchner Neue Sezession, steht mit dem Regiment List, dem auch ein gewisser zu richten. Doch dort ist man bemüht, den erfolgsverwöhnten Künstlern, die auch an der Front ihren exzentrischen Lebensstil beibehalten wollen, erst einmal eine realistische Sicht der Dinge zu vermitteln. In einem Schreiben an die Kriegsmaler ist ausdrücklich vermerkt: »Mitbringen von Auto und Dienerschaft ausgeschlossen.«

> Wenn Du mich heute gesehen hättest, müsstest Du wahrlich bald an der Wirklichkeit verzweifeln, oder an meinem Verstand. Ich bin in einem riesigen Heustadel (schönes Atelier!) gestanden und habe auf Militärzeltplanen 9 Kandinskys gemalt. (…) Die Geschichte hat einen ganz nützlichen Zweck. Geschützstellungen gegen Fliegersicht und Fliegerphotographie unauffindbar machen, indem man sie mit solchen Planen überdacht, die nach grob pointilistischem System und den Erfahrungen der bunten Naturschutzfarbe (mimicry) bemalt sind. Die Entfernungen, mit denen man zu rechnen hat, sind ja riesig, durchschnittlich 2000 Meter hoch, sehr viel tiefer geht ein feindlicher Flieger nie. Die photografischen Aufnahmen, die sie aus solcher Höhe machen, werden zu Hause stark vergrößert, dabei entdeckt man meistens die eckigen Geschützeinschnitte, Munitionslager, die mit viereckigen Zeltplanen zugedeckt sind usw. Durch die Bemalung soll nun das verräterische Bild so verwirrt und aufgelöst werden, dass die Stellung unerkannt bleibt.
>
> FRANZ MARC IN EINEM BRIEF AN SEINE FRAU MARIA MARC, 6. FEBRUAR 1916

Der Wedekind-Freund und Literaturprofessor Artur Kutscher hält Vorlesungen auch in Uniform.

Gedichte, Kriegsbücher, Kampfschriften

Das Kriegsgeschehen und die damit verbundenen spektakulären Ereignisse scheinen bei vielen Menschen einen eigentümlichen kreativen Schub auszulösen. Zahllose patriotische Theaterstücke werden verfasst, jede Menge kriegsverherrlichende Gedichte und Kurzgeschichten an Buchverlage und die Redaktionen der Münchner Presse geschickt.

Als 1915 allein bei den Münchner Neuesten Nachrichten über 5000 (!) Gedichte eintreffen, teilt die Redaktion ihren Lesern mit, dass ab jetzt ein weiterer Abdruck der Einsendungen abgelehnt werden muss.

Der Insel Verlag produziert inzwischen einen »Kriegsalmanach«, der Verlag Albert Langen startet die Reihe »Langens Kriegsbücher«. Schon der erste Band mit Geschichten von Lena Christ unter dem Titel »Unsere Bayern anno 14« wird ein riesiger Erfolg. In kürzester Zeit werden drei Auflagen verkauft. Auch König Ludwig III. ist von Lena Christs Erzählungen beeindruckt und lädt die »Kriegsschriftstellerin« zu einer Audienz ins Wittelsbacher Palais. Am 7. Januar 1916 wird sie mit dem König-Ludwig-Kreuz ausgezeichnet.

Im Albert Langen Verlag erscheinen schon 1915 die ersten Kriegsflugblätter.

Karikatur von Olaf Gulbransson in der Zeitschrift Simplicissimus, 1916

Der Verlag Albert Langen, der die Satire-Zeitschrift Simplicissimus herausgibt, produziert nun auch »Kampfschriften«. Das Titelbild zur Ausgabe »Metz« stammt von Eduard Thöny.

Karikatur von Olaf Gulbransson in der Zeitschrift Simplicissimus

Der Münchner Komödiant und Volkssänger Weiß Ferdl gastiert mit seiner Truppe in einem »Militär-Kino« an der Front.

In der Simplicissimus-Redaktion kommt es zum Streit. Ludwig Thoma will die Zeitschrift einstellen. Er hält eine Satirezeitung in Kriegszeiten für inopportun. Doch der Karikaturist Thomas Theodor Heine widerspricht. Er fordert im Gegenteil einen patriotischen Simplicissimus »zur Unterstützung der Kriegsführung«.

So erscheinen alsbald »Kampfschriften in Bild und Wort« mit den schönen Titeln »Gott strafe England!« oder »Franzos und Russ in Spiritus«. Die Titelbilder der für eine Mark erhältlichen Broschüren gestalten unter anderem Karl Arnold und Thomas Theodor Heine.

Einige der Simplicissimus-Zeichner besuchen sogar die Kriegsgefangenenlager in Puchheim und Lechfeld. Aber nicht um sich über die dortigen Lebensbedingungen zu informieren, sondern »zwecks Studium zu Typen der gegen uns im Feld stehenden Völker«.

Die neue Ausrichtung des Langen Verlages unter der Leitung von Korfiz Holm, Dr. Reinhold Geheeb, August Gommel und Otto Friedrich führt dazu, dass der Verlag im Jahre 1916 vom General Kommando sogar den Ehrentitel einer »offiziellen Feldbuchhandlung der 3. bayerischen Armee« erhält.

Darauf hagelt es Beschwerden: Nicht nur die bayerische Königin fühlt sich in ihrem moralischen Empfinden verletzt, auch das erzbischöfliche Ordinariat protestiert beim Königlich Bayerischen Innenministerium. Man erinnert an die politische Ausrichtung des früheren Simplicissimus und bemerkt pikiert, dass die Auszeichnung »wohl zum Dank für die ungeheuren Schmähungen, die er im Laufe der Jahre unserer deutschen Kultur, der Religion, dem Staate und der Kirche zugefügt hat«[31] vergeben wird.

»Krieg, Volk und Kunst«

Inzwischen werden Kunsthandlungen und Galerien mit Kriegskunst regelrecht überschwemmt. Den Geschmacklosigkeiten sind kaum Grenzen gesetzt. Ein typisches Beispiel dafür ist die Ausstellung »Krieg, Volk und Kunst«, die von April bis Mai 1916 in der Verwundeten-Bücherei des Roten Kreuzes in München zu sehen ist. Die in mehrere Abteilungen gegliederte Ausstellung entpuppt sich bei näherem Hinsehen allerdings

»Enthauptung auf offener Bühne« als Unterhaltung im Krieg, »Schiechtls Zaubertheater« in Nordfrankreich, 1915

Ende August 1914. »Was sagen Sie zum Simplicissimus?« fragte ich wütend Frank Wedekind und zeigte ihm die neue Nummer, die von der ersten bis zur letzten Seite nichts als die tollsten Kriegshetzereien und die übelsten Schmähungen der gegnerischen Nationen enthielt. »Diese schamlose Verleugnung aller Traditionen des Blattes! Diese Heuchelei! Jedes Wort ist doch eine innere Lüge!«
Wedekind grinste boshaft. »Sie täuschen sich, Herr Mühsam. Der Simplicissimus lügt nicht. Dies ist seine wahre Meinung. Gelogen hat er die zwanzig Jahre vorher!«

ERICH MÜHSAM

eher als öffentlich geförderte Werbeveranstaltung der einschlägigen Modellbau- und Spieleherstellter, denn als künstlerische Werkschau.

So sind in der Abteilung »Krieg und Spiel« neben einigen Gemälden und Plastiken insbesondere Baukästen und Modelle zur Herstellung von Kriegsszenarien zu besichtigen. Dabei werden »Modellierbögen zur Herstellung von Soldaten« ebenso präsentiert, wie »Morseapparate« und »Schützengraben-Periskope« im Kleinformat. Für den Sammler, der sich für moderne Schiffstechnik interessiert, werden »Große Kriegsschiffe aus Metall« wahlweise mit Dampfheizung oder mit Uhrwerk angeboten.

Künstler ziehen in den Krieg – 71

Die Spielwarenfirma Obletter zeigt »Große Schützengrabenanlagen mit Soldaten aus unzerbrechlicher Masse«, ein »Feldlazarett« und ein »Gefecht zwischen Deutschen und Russen« mit Soldatenfiguren aus Blei. Für die »reifere Jugend und für Erwachsene« gibt es »Kriegsbaukästen aus Holz, Stein und Metall«, darunter Baukästen für ein »Torpedoboot mit Schießvorrichtung«, »Panzerautomobile« sowie »Festungsbaukästen zur Errichtung moderner Feldbefestigungen aus Ankersteinen in Grau nach Vorlagen und Grundrissen«.

Zur Unterhaltung für die ganze Familie sind verschiedenste Würfel- und Gesellschaftsspiele erhältlich. Die Palette reicht von »Jungdeutschlands Schlachtenspiel« über »Mit Hindenburg im Osten« bis hin zu »Klar zum Gefecht«. Als »Liebesgaben für Lazarette und fürs Feld« empfiehlt die Ausstellungsleitung neben einem »Weltkriegsquartett« das »Schützengraben-Geduldspiel«.

Den Ausstellungsmachern scheint die zum Teil bizarre Situation durchaus bewusst zu sein. Denn Raum 12 der Ausstellung trägt den bezeichnenden Titel »Die Kitschkanone«. Dort allerdings sind eher Gegenstände des täglichen Gebrauchs zu sehen.

So gibt es für den siegesbewussten Herrn eine Bartbinde mit der Aufschrift »Immer feste druff«. Gießkannen, Seifen- und Klosettpapier-Packungen sind in den Farben des Kaiserreiches schwarz-weiß-rot zu erhalten, Sparbüchsen und Mundharmonikas in der handlichen Form einer 42-cm-Granate. Ergänzt wird das Angebot durch Drehorgeln und Insektenpulver-Streuer im Patronen-Format und durch Fliegerbomben aus Schokolade für den Liebhaber von Süßigkeiten.

Auf vielen Verkaufsgegenständen ist zusätzlich das Abbild des populären »Siegers von Tannenberg«, Generalfeldmarschall Paul von Hindenburg, aufgedruckt. Sein Porträt kann auf Kissen und Puppengeschirr ebenso erworben werden, wie auf Kinderbällen und Heftpflasterpackungen. Es gibt den General als Stehaufmännchen, als Sparbüchse und als Pfeifenkopf.

In der Redaktion der Literatur- und Satirezeitschrift Zwiebelfisch aber ist man schon 1915 über den einschlägigen Kriegskitsch empört. Unter der Überschrift »Die Verniedlichung des Weltkriegs« ist zu lesen:

»Die Gräuel nämlich, die missbräuchlich mit alledem verübt werden, in der Ansichtskartenindustrie wie in den Konditoreien, in den Sofakissenläden und allen sonstigen Versorgungsstellen des täglichen Gebrauchs, sind einfach nicht mehr zu ertragen. Pfefferminzplätzchen findest du in explodierenden Bomben, die innen nach Papiermachee stinken; aus Hindenburgs Marschallstab rollen Pralinés, in Seeminen verbergen sich harmlose Süßigkeiten mit Himbeerinhalt. (…) Aus riesigen Pappmörsern aber, getreuen Nachbildungen jener furchtbaren Maschinen, die Menschen und Häuser zu Staubwirbeln und Blutfetzen zerreissen, langen mit einem geflöteten ›Wie orginäll!‹ Komtesse Mizzis gepflegte Fingerspitzen sich gebrannte Mandeln heraus. Mit Spannung erwarte ich den Tag, an dem zum ersten Male all das, was in volkstümlicher Prägung unsere heiligsten Güter symbolisieren soll, auf allerintimsten Rollenpapier erscheint, als würdiges Gegenstück zu der bereits vorhandenen Klosettschüssel ›Germania‹.«

Patrioten: Thoma und Ganghofer

Ludwig Thoma hat sich inzwischen aus der Redaktion des Simplicissimus zurückgezogen. Er will sich lieber über das Kriegsgeschehen vor Ort informieren und an der Front nützlich machen. Am 1. April 1915 reist der 47-Jährige Schriftsteller als Sanitäter nach Frankreich. Vier Wochen später, ab dem 26. April, ist er an der Ostfront stationiert. In einem Brief vom 9. Mai 1915 ist zu lesen: »Gestern war der Kaiser bei uns. (…) Ich sah ihn vorbeifahren und schwenkte mit Hurra meine Mütze!«

Als er seinen ersten Orden erhält, informiert er umgehend den Simplicissimus-Zeichner und Karikaturisten Wilhelm Schulz. Voller Stolz schreibt Thoma in einer Feldpostkarte: »Gestern, Willem, bin ich Preuße geworden. Ich habe das Eiserne Kreuz bekommen und will mit dem schwarz-weißen Band leben und sterben und mal im Grabe liegen.«

Der Einsatz an der Front aber ist seiner Gesundheit nicht zuträglich. Im August 1915 erkrankt Thoma lebensgefährlich an der Ruhr. Von Brest-Litowsk aus wird er zur Genesung nach

Hause geschickt. Um dennoch auch weiterhin einen Beitrag zur »Stärkung der Wehrkraft« zu leisten, bietet sich Thoma dem Berliner Kriegsministerium als Schreiber von Kurzgeschichten und Gedichten für Militärpostkarten an.

Auf seinem Anwesen »Auf der Tuften« am Tegernsee hat Thoma inzwischen eine weithin sichtbare weißblaue Fahne aufgezogen und sich zusätzlich eine Böllerkanone zugelegt. Er will die jeweiligen militärischen Erfolge gebührend feiern.

In diesen Tagen erhält auch der Maler und Bildhauer Franz von Stuck Besuch. Es läutet an der riesigen Eingangstür der pompösen Villa des »Malerfürsten« an der Ecke Prinzregenten-/Ismaninger Straße. Vor der Tür stehen zwei »seltsame Gestalten«:

»Sie waren merkwürdig vermummt. Der eine sah aus wie ein Automobilfahrer, die Staubbrille überm Kappenschild und Wickelgamaschen um die Beine, welche die Tendenz hatten, sich aufzulösen. Der andere steckte in einer zweifelhaften Uniform und hatte eine weiße Sanitätermütze auf dem Kopf.«[32]

Bei den »Gestalten« handelt es sich zur Überraschung des Hausherrn um den als Kriegsberichterstatter tätigen Erfolgsautor Ludwig Ganghofer und den in der zerschlissenen Uniform eines Sanitätsgefreiten angereisten Ludwig Thoma.

Über die literarische Kriegsberichterstattung Ganghofers macht sich inzwischen die Münchner Satirezeitschrift Zwiebelfisch lustig. Denn Ganghofer hatte vor Kurzem in einem »Deutschen Flugblatt« ein Gedicht veröffentlicht, in dem er Kaiser Wilhelm II. gegen eine belgische Zeitung, die diesen als »Hunnenkönig Attila« bezeichnete, zu verteidigen versucht.

Wilhelm, den wir den »Getreuen« nannten,
Den wir als den »Friedlichen« erkannten,
Wilhelm, jetzt der Ritter Eisenfaust,
Herr des Wetters, das die Welt durchbraust,
Mit dem Bruder Österreich im Bunde
Brenn rein der Völker Eiterwunde!
Mach genesen, was an Fäulnis krankt,
Führ zum Tage, was im Dunkeln wankt,
Bringe Luft und zünde Licht auf Erden,
Dass die Tiere wieder Menschen werden …

Ludwig Thoma (rechs) als Sanitäter an der Front

Künstler ziehen in den Krieg — 73

Rot-Kreuz-Fahrzeuge in der Prinzregentenstraße

Sanitäter in Aufstellung vor einer Militärübung

Von der literarischen Qualität der Ganghofer'schen Verse ist man in der Redaktion des Zwiebelfisch nicht sonderlich beeindruckt. In der Rubrik »Allerlei aus Kriegszeiten« ist vielmehr folgender Dialog zu lesen:

»Achilleus zu Hindenburg: Mit deinem russischen Feldzug verglichen war mein trojanischer Krieg nur eine Rauferei!

Hindenburg zu Achilleus: Immerhin, den deinigen besang Homer, den meinen … Ganghofer!«

Beim »Heldenfrisieren«

Die brutalen Kriegserlebnisse zwingen schon nach kürzester Zeit viele zum Umdenken. Hugo Ball, der nach nur einem halben Jahr aus gesundheitlichen Gründen vom Militärdienst entlassen wird, ist zutiefst desillusioniert. Geschockt vom Grauen der Materialschlachten, in denen er nach eigener Aussage »dem Teufel selbst« begegnete, emigriert Ball im Mai 1915 mit seiner späteren Ehefrau, der Schriftstellerin Emmy Hennings, nach Zürich in die Schweiz. Zusammen mit dem Rumänen Tristan Tzara gründen sie dort das kriegskritisch-dadaistische »Cabaret Voltaire«.

Auch Rilke erkennt seinen Irrtum. 1915 schreibt er rückblickend:

»Nur die ersten drei, vier Tage im August 1914 meinte ich einen monströsen Gott aufstehen zu sehen; gleich darauf wars nur das Monstrum, aber es hatte Köpfe, es hatte Tatzen, es hatte einen alles verschlingenden Leib – drei Monate später sah ich das Gespenst – und jetzt, seit wielange schon, ist's nur die böse Ausdünstung aus dem Menschensumpf.«[33]

Zu seinem Leidwesen wird Rilke als österreichischer Staatsangehöriger auch in München zur Musterung geladen. Am 24. November 1915 wird er für tauglich »zum Landsturmdienst mit der Waffe« befunden. Zur Grundausbildung beim Landwehr-Schützenregiment Nr. 1 wird der inzwischen 40-Jahrige Mann nach Wien beordert. Dort aber muss er erst mal die Launen seines Ausbilders ertragen:

›Wie heißen S'?‹ Blass und bedrängt antwortete der Poet in den Zwillichhosen: ›Rainer Maria Rilke.‹ – ›Was?‹ wurde er angeschrien. ›Wem wollen S' denn einreden, dass Sie Maria heißen? Seit wann heißt ein Mannsbild Maria? Da müßt' man ja Mitzi zu Ihnen sagen! So schaun S' auch aus.‹ Rilke stammelte verlegen. ›Oh. ich bin ja nicht der einzige. Denken Sie nur an Karl Maria von Weber, den Komponisten des Freischütz!‹ – ›Mir san hier keine Freischützen, mir schießen nur auf Kommando.‹[34]

Aber dann hat Rilke doch noch Glück: Für seine Freistellung vom Kriegsdienst setzen sich Freiherr von Schey-Rothschild, Alexander von Thurn und Taxis und Prinz Ludwig Ferdinand von Bayern ebenso ein, wie die Schriftsteller Stefan Zweig und Hugo von Hofmannsthal. So wird der für den Militärdienst ohnehin ungeeignete Mann am 27. Januar 1916 in die historische Abteilung des K. und K. Kriegsarchivs versetzt. Dort ist auch schon der österreichische Schriftsteller und Satiriker Alfred Polgar mit der literarischen Tätigkeit des »Heldenfrisierens« beschäftigt.

Im Sommer 1916 wird Rilke endgültig aus dem österreichischen Militärdienst entlassen. Er kehrt nach München zurück und ist nun wieder die vornehme Erscheinung mit »hellbeigen Lederhandschuhen«, »lichtgrauen Gamaschen« und »marineblauem Anzug«.

> »Mir graut vor der Zukunft. Sie werden dasitzen und Heldenstücke erzählen, und wenn unsereiner seine Meinung über die Fragen der Kunst oder Religion sagen möchte, werden sie uns übers Maul fahren: Sie waren ja gar nicht dabei, wie können denn Sie mitreden wollen!«
>
> FRANK WEDEKIND, SOMMER 1915

Schrecken ohne Ende

Der Maler August Macke, seit 1910 mit Franz Marc befreundet und Mitherausgeber des legendären Almanachs Der Blaue Reiter, ist seit August 1914 als Freiwilliger beim Militär. Obwohl noch völlig unzureichend ausgebildet, wird der ehemalige Schüler Lovis Corinths schon nach wenigen Tagen an die Westfront geschickt. Dort gerät Mackes Einheit am 8. August 1914 mitten ins Kriegsgeschehen. Aufgrund seiner Tapferkeit wird dem 27-Jährigen am 20. September 1914 das Eiserne Kreuz II. Klasse verliehen. Einen Tag später charakterisiert Macke in einem Brief an seine Frau Elisabeth seine Fronterfahrungen als »das Grausigste, was ein Mensch erleben kann«.

Nur wenige Tage später, am 26. September 1914, greifen deutsche Truppen bei Perthes-les-Hurlus in der Champagne französische Stellungen an. Diese antworten ihrerseits mit flächendeckendem Beschuss durch die Artillerie. Aus dem Inferno des Trommelfeuers gibt es kein Entrinnen. Franz Marc ist über die Nachricht vom Tod seines Freundes entsetzt. In seinen »Briefen, Aufzeichnungen und Aphorismen« ist über August Macke zu lesen:

»Sein Werk ist abgebrochen, trostlos, ohne Wiederkehr. (…) Der gierige Krieg ist um einen Heldentod reicher, aber die deutsche Kunst um einen Helden ärmer geworden.«

Franz Marc, der sich ebenfalls als Kriegsfreiwilliger gemeldet hat, wird Monate später ein ähnliches Schicksal erleiden. Am 4. März 1916 vormittags schreibt er an seine Frau Maria Marc:

»Als Bett habe ich einen Hasenstall auf den Rücken gelegt, das Gitter weg und mit Heu ausgefüllt und so in ein noch regensicheres Zimmer gestellt! Natürlich habe ich genug Decken und Kissen dabei, so dass sich ganz gut drin schläft. Sorg Dich nicht, ich komm schon durch, auch gesundheitlich.«

Doch der Artillerieleutnant Marc wird diesen Tag nicht überleben. Am Nachmittag des 4. März wird der 36-Jährige bei einem Erkundungsritt in der Nähe von Verdun von Granatsplittern tödlich getroffen. Zur Erinnerung an den großen Maler wird ein halbes Jahr später, am 14. September 1916, in den Räumen der Münchner Neuen Secession in der Galeriestraße (heute befindet sich dort der Münchner Kunstverein) eine Franz-Marc-Gedächtnisausstellung eröffnet.

Auch der Gründer und erste Präsident dieser neuen, avantgardistischen Künstlervereinigung, der Zeichner und Maler Albert Weisgerber, zieht im August 1914 als Leutnant und Kompanieführer mit dem Regiment List in den Krieg. Im selben Regiment, einem reinen Freiwilligen-Verband, ist auch der 25-Jährige Adolf Hitler unterwegs.

Nur wenige Wochen später, im Oktober 1914, wird die Truppe in eine der härtesten Schlachten des Ersten Weltkriegs geworfen. Innerhalb von nur vier Tagen »schmilzt« das Regiment bei der Schlacht von Ypern von 3500 auf 600 Mann zusammen. Hitler ist in dieser Schlacht als Meldegänger für den Regimentsstab dabei. Im Dezember 1914 wird er für seinen Einsatz mit dem Eisernen Kreuz II. Klasse ausgezeichnet.

Ein halbes Jahr später, am 10. Mai 1915, kommt Albert Weisgerber bei einem Gefecht auf einer Kampflinie bei Lille um. Der 37-Jährige fällt an der Spitze des Münchner 2. Infanterie-Regiments.

Hitler aber übersteht den Krieg. Als er bei der letzten großen Frühjahrsoffensive 1918 in einen Angriff der Engländer gerät, ist für ihn nach einem mehrstündigen Beschuss mit Gasgranaten in der Nacht vom 13. auf den 14. Oktober 1918 der Krieg zu Ende. Hitler wird zum Lazarett Pasewalk in Pommern abtransportiert.

Franz Marc zeichnet auch an der Front. Unter anderem entsteht diese Bleistiftzeichnung mit dem Titel: »Aus den Schöpfungstagen«.

Der Maler Albert Weisgerber (vorne rechts) als Kompanieführer an der Front

Der Sanitäter Ludwig Thoma wird mit dem Eisernen Kreuz ausgezeichnet.

Frauenarbeit

»An die Frauen Münchens!
Der Krieg ist uns aufgezwungen worden! Deutsche Frauen – unsere Männer, unsere Söhne kämpfen für das Recht, für die geheiligte Person des Monarchen, für die Existenz unseres Vaterlandes! (…)
Wir bewundern dankbaren Herzens jene, welche Liebe und Beruf unter der Fahne des Roten Kreuzes zum Krankendienst aufs Schlachtfeld und ins Lazarett führt. Wem dies jedoch nicht beschieden ist, der melde sich bei der Kommission der Münchner Frauenvereine zur Organisierung der charitativen und sozialen Hilfstätigkeit für die Kriegszeit.«

UNTERZEICHNET VOM KATHOLISCHEN, EVANGELISCHEN UND JÜDISCHEN FRAUENBUND, DEM VEREIN FÜR FRAUENINTERESSEN UND DEM INSTITUT FÜR SOZIALE ARBEIT

»Ehrenamtliche soziale Kriegshilfe«

Am 2. August 1914 appelliert die Bayerische Staatszeitung im Auftrag des Königshauses an die Münchner Frauen, sich in den Dienst des Roten Kreuzes, der Kriegsfürsorge oder der Kriegswohlfahrtspflege zu stellen. »Ihre Majestät die Königin« Marie Therese (auch Maria Theresia) ruft »Frauen und Jungfrauen« zum Engagement im »vaterländischem Frauendienst« auf und übernimmt die diesbezügliche Schirmherrschaft.

Einige Tage vorher aber, am 28. Juli 1914, werden schon die wichtigsten Münchner Frauenvereine aktiv. Angesichts der drohenden Kriegsgefahr schließen sich die Katholischen Frauenvereine, der Stadtbund Münchener Frauenvereine und der Evangelische Frauenbund zu einem gemeinsamen Verband zusammen. Kurze Zeit später treten auch der Frauenverein vom Roten Kreuz, der Jüdische Frauenbund und das Institut für soziale Arbeit dem neuen Bündnis bei. Hauptzweck ist die Organisation »ehrenamtlicher sozialer Kriegshilfe«.

Aus der Zeitschrift »Münchner Hausfrau, Praktische Wochenschrift für Hauswirtschaft und Mode, Handarbeiten und Unterhaltung«

Die Gesamtleitung wird Ellen Ammann, der Gründerin der katholischen Bahnhofsmission in München und Luise Kiesselbach, seit 1912 Vorsitzende des Vereins für Fraueninteressen und ab 1913 Vorsitzende des Stadtbundes Münchener Frauenvereine, übertragen.

Da sich die Lebensbedingungen in der Stadt in nur wenigen Monaten dramatisch verschlechtern, ist man alsbald nur noch mit Hilfstätigkeiten zur Linderung schlimmster Notfälle beschäftigt. So organisieren die Frauen nun vor allem »billige Mittagstische und Wohnungen, übernehmen ›Kriegspatenschaften‹ für Schwangere und Säuglinge, verschicken erholungsbedürftige Kinder aufs Land, beschaffen Arbeit und Geld für notleidende Familien und betreuen deutsche Flüchtlinge«[35].

In den Krankenhäusern und Lazaretten der Stadt steigt gleichzeitig die Zahl der Kriegsverletzten und Verwundeten unaufhörlich an. Doch es fehlt an klinisch geschultem Fachpersonal. In Schnellkursen werden sogenannte Kriegshelferinnen zur Unterstützung der Krankenschwestern und zum Ersatz des männlichen Pflegepersonals ausgebildet. Doch nicht alle sind für die schwere und bedrückende Arbeit geeignet. Denn die Tätigkeit im Lazarettbereich erfordert Kraft und eine gute psychische Konstitution.

»Ich wurde dem Haidhauser Krankenhaus in der Ismaninger Straße zugeteilt. Mit einem ganzen Rudel von Frauen haben wir gleich bei einer Operation zuschauen dürfen. Wir wussten nicht, dass das die sogenannte Probe war; der Chefarzt musste ja wissen, wer sich eignet. Dabei sind schon so und so viele umgefallen, als sie sahen, wie einem der Bauch aufgeschnitten oder der Fuß abgenommen wurde.«[36]

Nähmaschinen in den Nibelungensälen

Inzwischen wird in der Münchner Residenz die »Arbeitsstelle Nibelungensäle« eingerichtet. In fünf Sälen und vier Nebenräumen werden 200 Nähmaschinen aufgestellt. Die Leitung der größten Nähstube Deutschlands übernimmt eine Frau von Zwehl.

In den vornehmen Nibelungensälen mit ihren riesigen gobelingeschmückten Wänden rattern die Nähmaschinen rund um die Uhr. Obwohl in den Ankündigungen für Frauen aus allen sozialen Schichten beschrieben, sind in den noblen Hallen vor allem adelige Damen anzutreffen. In Heimarbeit allerdings sind zusätzlich weitere 800 Frauen für die Organisation tätig.

Schon im August und September 1914 produziert man jede Menge »Leib-, Bett-, Kranken- und Lazarettwäsche«. Zusätzlich werden für die Truppe Tausende von Ohrenschützern, Pulswärmern und Strümpfen hergestellt. Gegen das »Erfrieren der Füße« wird von den Damen das Tragen »gewalkter Socken«, darüber »Fußlappen aus Mosetikbatist« und darüber »nochmals gewalkte Socken« empfohlen. Die »Fersen sollten zweckmäßig mit Wildleder besetzt« sein. Sogar die Vereinigten Staaten von Amerika unterstützen diese Arbeit. Im Jahre 1915 sendet das amerikanische Rote Kreuz aus Washington jede Menge Verbandsmaterial und Kleidung.

In der Münchner Hausfrau, einer »Wochenschrift für Hauswirtschaft und Mode, Handarbeiten und Unterhaltung«,

Im »Münchner Kriegstagesheim für stellungslose Mädchen im Alter von 14 bis 18 Jahren«: Handarbeit für die Soldaten an der Front, 1915

berichtet am 7. Januar 1917 die Autorin Katharina von Studnitz ausführlich über die »königliche Weihnachtstätigkeit«:

»Unsere Königin und auch die Prinzessinnen finden sich täglich zur Mitarbeit ein und greifen zu, wo es gerade am nötigsten ist. Viele Tausende von Paketen haben seither schon die Arbeitsstätte Nibelungensäle verlassen, um hinaus an die Front, zu den kämpfenden Soldaten, in die dortigen und in die heimischen Lazarette zu wandern. (…)

Zu dem vaterländischen Liebeswerk der Königin hat man die Trierzimmer der Residenz genommen. Alle Prunkmöbel und Kunstgegenstände wurden entfernt und statt dessen lange Tische, Schränke, Kisten und Schachteln gesetzt. (…) An alle Dinge, welche von unseren tapferen Soldaten am meisten gewünscht und begehrt werden, hatte die gütige Königin gedacht und nichts dabei vergessen. Da waren Messer, Scheren, Nähzeug, Zahnbürsten, Bartbürsten, Vaseline in Tuben, Kämme, Schach-, Karten- und Mühlbrettspiele, Schreibmaterialien, allerhand Musikinstrumente, wie Flöten, Mundharmonikas usw. Man sah große Posten Unterhaltungsbücher aufgetürmt, von denen weitere noch in Kisten verpackt waren. Ganz bedürftige Soldaten wurden mit Wollsachen bedacht, die wieder gesondert in einem großen Schrank Aufnahme gefunden hatten. Es lagen darin Westen, Unterbeinkleider, Socken, Strümpfe, Schals und dergleichen.«

Aus einer Dissertation aus dem Jahre 1918 geht hervor, dass in diesem Jahr aus 8542 Pfund Wolle, 14 890 Paar Socken, 2132 Hauben, 1372 Paar Handschuhe, 1113 Paar Pulswärmer und 593 Jacken entstanden sind. Und Emma Haushofer-Merk, Vorsitzende des Vereins Münchner Schriftstellerinnen, schreibt in der Ausgabe der Nationalen Frauenblätter vom 1. Februar 1915 über das Engagement der Münchner Frauen:

»Wie wären unsere Mütter oder Großmütter, die so gerne den Strickstrumpf zu Ehren gebracht hätten, erstaunt und erfreut. Man strickte wieder in den Tees im Freundeskreis, man strickte im Wartezimmer, in der Elektrischen und im Eisenbahnabteil. Es strickt die Studentin, das Sportsmädel und die Modedame; es strickten Schriftstellerinnen und Malerinnen, Frauenrechtlerinnen und biedere Hausfrauen; es strickte das Dienstmädchen und die Gnädige.«

»Die größte Nähstube Deutschlands«: In den Nibelungensälen der königlichen Residenz, August 1914

> Die »Pioniere« übten in der Isar. Als es schlimmer und schlimmer wurde, mit der Ernährung und mit den Gefallenen, kam es vor, dass sie eine Selbstmörderin aus dem Wasser zogen und ich es, die Föhringer Allee herunterkommend, mit ansah, die herabhängenden Arme, die nassen Haare, die vergeblichen Wiederbelebungsversuche.
>
> GOLO MANN IN »ERINNERUNGEN UND GEDANKEN«

Titelblatt der Zeitschrift Münchner Hausfrau vom 2. Mai 1915

Münchner Vorstadtfrauen beim Stricken von Strümpfen für die Soldaten, August 1914

In den Betrieben und Fabriken der Stadt

Am 2. Oktober 1915 werden erstmals in der Geschichte der Münchner Straßenbahn Frauen zum Fahrverkehr eingestellt. Für »weibliche Personen«, ausgestattet mit in einem nahezu bodenlangen dunkelgrauen Mantel und einer militärähnlichen Uniformmütze, beträgt der Tageslohn drei Mark und fünfzig bei einer neunstündigen Arbeitszeit. Gegen Ende des Jahres 1918 sind insgesamt 770 Schaffnerinnen bei der Münchner Straßenbahn beschäftigt.

Auch in der Verwaltung, in Industriebetrieben, Geschäften und im Bankenwesen übernehmen Frauen in zunehmendem Maße männliche Tätigkeiten. Das Bayerische Kriegsministerium vermittelt über das Referat Frauenarbeit unter der Leitung von Frau Dr. Gertrud Wolf weibliche Kräfte an interessierte Firmen. Innungen und Handwerkskammern bieten für die Gattinnen von Bäckern und Metzgern einschlägige Kurse und Vorträge an. Auch die Bayerische Vereinsbank ist vom Können der Frauen angetan:

»Aber die Damen arbeiteten sich so gut ein, dass sie ihrerseits 1918 und 1919 die heimgekehrten Kriegsteilnehmer in ihren auf zivil umgearbeiteten feldgrauen Uniformen mit Erfolg wieder in die ihnen ungewohnt gewordene Banktätigkeit einführen konnten. Und einen Lehrling konnten sie zusammenputzen wie noch einmal ein Prokurist.«[37]

Ab Dezember 1915 stellt die Post erstmals Briefträgerinnen ein. Ab 1916 sind Frauen bei der Bayerischen Eisenbahn als Zugbegleiterinnen und Schaffnerinnen, im Bürodienst, als Pförtnerinnen, im Fahrkartenschalter und im Gepäckdienst tätig. Bald aber sind Frauen auch in körperlich schweren Tätigkeiten zu sehen und werden als Bremserinnen, Weichenstellerinnen, Streckenarbeiterinnen und bei den sogenannten Schmierdiensten an Wagen und Lokomotiven eingesetzt. Fast alle Männerberufe stehen Frauen nun offen.

Die Zahl der in Betriebskrankenkassen versicherten Frauen wächst nach Angaben des Kaiserlichen Statistischen Amtes von Juli 1914 bis zum Juli 1916 um 40 Prozent. In der Metall- und Maschinenindustrie ist sogar ein Anstieg um 135 Prozent zu verzeichnen. Viele der dort tätigen Frauen treten dem Münchner

Auch als Zugbegleiterinnen sind Frauen tätig, 1915.

Erstmals werden Frauen als Schaffnerinnen eingesetzt. Gruppenaufnahme im Hof der Straßenbahndirektion an der Einsteinstraße, 1917.

Eine der ersten Schaffnerinnen Münchens: Frau Bauer auf der Postwiese in Haidhausen

Frauen beim Granatenrollen in einem der Münchner Rüstungsbetriebe

Gewerkschaftsverein bei. Im Laufe des Krieges steigt die Zahl gewerkschaftlich organisierter Arbeiterinnen von 7500 im Jahre 1915 auf über das Fünffache Ende 1918 an.

1917 arbeiten über 9000 Frauen in den Munitionsfabriken und Artillerie-Werkstätten der Stadt. In der Flugzeugstation Schleißheim sind Frauen in der Munitionsherstellung ebenso tätig wie bei J. Göggel & Sohn in Moosach, in der Fabrik Deckel und in der Pulverfabrik in Dachau. Doch die Arbeitsbedingungen sind nicht nur gesundheitsgefährdend, sondern zum Teil lebensbedrohend. So färben sich durch den Umgang mit Giftstoffen die Haare der Betroffenen schnell ins Grünliche, die Haut nimmt eine ungesund gelbliche Tönung an und der Umgang mit Artilleriemunition ist ohnehin kaum zu bewältigende Schwerstarbeit.

»Während der Nachtschichten brachen Frauen an den Maschinen aus Erschöpfung, Hunger und Krankheit zusammen. (…) An den Maschinen mussten Geschosse im Gewicht von 20 bis 75 Pfund vom Fußboden bis in Brusthöhe angehoben und in die Maschinen eingespannt, dann wieder ausgespannt und heruntergesetzt werden. Um täglich 3 Mark zu verdienen, hatte eine Frau 75 bis 100 mal diese anstrengende Arbeit zu verrichten.«[38]

Wirtschaftschaos und Kriegsanleihen

> Unsere Waffe daheim ist die Kriegsanleihe. Jeder Deutsche muss zeichnen. Zeichnet nicht nur, was Ihr liegen habt, sondern auch was Ihr in den nächsten Monaten noch erübrigen könnt. (…) Zeichnungen nehmen alle Banken, Sparkassen, Lebensversicherungsgesellschaften, Kreditgenossenschaften, sowie Postanstalten entgegen.
> PLAKATAUFRUF, 1916

Angstverkäufe

Am 30. Juli 1914 schließt die Münchner Börse. Nur einen Tag später stoppt die Reichsbank die »Goldeinlösung«, Banknoten können nun nicht mehr in Gold umgetauscht werden. Ab dem 4. August wird die bisher zwingend vorgeschriebene Golddeckung von einem Drittel der sich in Umlauf befindenden Geldmenge per Reichstagsbeschluss aufgehoben. Der Wertpapier- und Aktienhandel, darunter in zunehmendem Maße Angstverkäufe, spielt sich nun vor allem im sogenannten Freiverkehr ab.

Gleichzeitig erleben die Münchner Sparer eine böse Überraschung. Größere Beträge können von Sparbüchern und Sparkassenkonten nicht mehr abgehoben werden. An den Schaltern erfährt man, dass die Auszahlung von Beträgen über 500 Mark seit Kurzem einer einmonatlichen Kündigung bedarf.

Aber auch die Banken selbst stecken plötzlich in Schwierigkeiten. An das Ausland vergebene Kredite fließen nicht mehr zurück. Die Schuldner aus den »feindlichen« Ländern haben ihre Rückzahlungen einfach eingestellt.

Ebenfalls kalt erwischt werden die Münchner Brauereien. Ganze Märkte sind weggebrochen, der internationale Handel ist beendet. Durch die Wirtschaftsblockade der Alliierten und ihrer Verbündeten sieht sich Deutschland in zunehmendem Maße von den internationalen Rohstoffmärkten abgeschnitten. Die Einfuhr der zur Bierproduktion verwendeten russischen Gerste ist damit ebenso unterbunden, wie der Import des zur Herstellung von Sprengstoff und Pulver notwendigen Salpeters aus Chile.

Insbesondere die Löwenbrauerei, die ihre Produkte bis nach Afrika liefert, beklagt massive Einbrüche. Der Geschäftsbericht vom 30. September 1914 macht diese Entwicklung deutlich:

»Der Versand nach dem feindlichen Ausland und den von diesem beherrschten Ländern, sowie das gesamte Überseegeschäft ruhen naturgemäß auch heute noch. Die Lieferung nach den von den Deutschen besetzten Teilen Belgiens ist seit

Und Ihr? Zeichnet Kriegsanleihe. Plakat von Fritz Erler, 1917

Beginn des neuen Geschäftsjahres möglich, beschränkt sich aber auf die Versorgung des Bedarfes einiger deutscher Heeresteile. Die belgische Bevölkerung verschmäht zur Zeit den Genuss deutscher Biere.«[39]

Um die Sammlung und Verteilung kriegswichtiger Rohstoffe zu koordinieren, wird eine vom späteren Reichsaußenminister Walther Rathenau geleitete »Kriegsrohstoffabteilung« gegründet. Im Nordteil der Schrannenhalle richtet man die Münchner »Kriegsmetallsammelstelle« ein. Neben Kupfer und Eisen sollen ab dem 31. Januar 1915 auch Nickel, Zinn, Aluminium, Antimon und Hartblei abgeliefert werden. Alsbald werden sogar die Lederriemen in den Eisenbahnwaggons abmontiert, Kirchenglocken beschlagnahmt und Zinndeckel von Bierkrügen eingeschmolzen. Haare sind als Rohstoff inzwischen ebenso begehrt, wie Obstkerne für die Herstellung von Öl.

> **NAGELLÖCHER ZU VERBERGEN**
>
> Durch Abgabe der Messingverzierungen, Klavierleuchter usw. entstehen Nagellöcher. Um diese unsichtbar auszubessern, weicht man Zeitungspapier einige Stunden in Wasser, dreht von der weichen Masse kleine Pfropfen, fügt dieselbe in die Nagellöcher, glättet die Oberfläche und übermalt diese hellen Stellen nach dem völligen Trockenwerden mit Wasserfarben der jeweiligen Farbe des Gegenstandes oder der Tapete entsprechend. Wo es nötig ist, lackiert man diese Stellen später und der Schaden ist fast unsichtbar repariert.
>
> AUS DER ZEITSCHRIFT MÜNCHNER HAUSFRAU, 28. APRIL 1918

In dieser Situation ist es nicht verwunderlich, dass auch das Hartgeld an Qualität verliert. 1916 werden erstmals Pfennige aus Aluminium ausgegeben. Im Dezember 1917 veranlasst das Finanzministerium die untergebenen Stellen und Behörden zur Einziehung der aus Nickel bestehenden Fünf- und Zehnpfennigstücke. Neben den Alu-Pfennigen wird nun auch Kleingeld aus Eisen in Umlauf gebracht.

Da bleiben überraschende Reaktionen nicht aus: So wird im Frühjahr 1917 in München tatsächlich das Kleingeld knapp. Händler und Geschäftsleute können nicht mehr wechseln oder herausgeben. Und dies, obwohl die Reichsbank-Hauptstelle München erst wenige Monate vorher Fünf- und Zehnpfennigstücke aus Eisen im Wert von insgesamt 600 000 Mark zur Ausgabe bringt.

Die Ursache für diese Entwicklung liegt in der neu entstandenen Spezies der »Kleingeldhamsterer«. Um eine finanzielle Reserve aufzubauen, legen sich viele Münchner inzwischen einen Vorrat aus Hartgeld an.

»Gold gab ich für Eisen«

Alljährlich wird im Frühjahr und im Herbst auf Litfaßsäulen und in der Presse, in Banken, Sparkassen und Postämtern für die Zeichnung von Kriegsanleihen geworben. Da die Reparationszahlungen ohnehin vom Kriegsgegner zu bezahlen wären, verspricht man gute Zinsen. Sogar die großen Versicherungen werden gedrängt, ihre Einlagen neben Aktien und sonstigen Wertpapieren in Kriegsanleihen anzulegen.

Die Werbemaßnahmen haben durchschlagenden Erfolg. So erzielt allein die am 27. Februar 1915 aufgelegte Kriegsanleihe den stattlichen Betrag von 9,06 Milliarden Mark. Die Zeitungen sprechen überschwänglich von einem »Heimatsieg«.

Im März 1917 wirbt man mit dem Hindenburgzitat »Die Zeit ist hart, aber der Sieg ist sicher«. Auf den großformatigen Anzeigen in den Münchner Zeitungen ist zu lesen:

»Zeichnet die sechste Kriegsanleihe!

Die Kriegsopfer für alle Völker abzukürzen hat Kaiserliche Großmut angeregt. Nun, da die Friedenshand verschmäht ist, sei das deutsche Volk aufgerufen, den verblendeten Feinden mit neuem Kraftbeweis zu offenbaren, dass deutsche Wirtschaftsstärke, deutscher Opferwille unzerbrechlich sind und bleiben. Deutschlands heldenhafte Söhne und Waffenbrüder

Werbung für die »Stadthilfe« und das »Jugend-Sammelwerk«

Ausgabe Oktober 1918.

Liebe Münchener Jungen u. Mädchen! Helft Rohstoffe und Abfallstoffe sammeln, deren unser Vaterland jetzt so dringend bedarf! Beteiligt Euch alle an dem Jugend-Sammel-Werk, Ihr nützt dadurch dem Vaterlande und verdient Euch Geld!

Münchener Jugend-Sammel-Werk

Im Auftrage und zum Besten des Hauptwohlfahrtsausschusses München geleitet von der Münchener Stadthilfe, Schillerstraße 28.

Aufstellung über d. Vergütung von Sammelmarken

Gegenstand		Sammelmarken
1. Alte Zeitungen,	nur wenn gebündelt geliefert	2 Marken für 1 kg
2. Altpapier,	alte Hefte, Bücher, Kataloge, Briefe, Inhalt des Papierkorbes, Papierabfälle usw.	3 Marken für 2 kg
3. Brennesseln,	trockene und entblätterte Nesselstengel oder vollständig getrocknete Nesselblätter	2 Marken für 1 kg
3a Brennesseln,	noch frisch und grün, also noch nicht getrocknet.	1 Marke für 4 kg
4. Celluloid:	Kämme, Haarspangen, Haarbürsten, Puppen, Fächer, Spielzeug, Filme, Uhrkapseln usw.	
5. Eicheln,	waldfrische, schalentrockene Früchte	
6. Eisen,	altes (Guß- oder Schmiedeeisen) in schwer... Stücken. Nicht angenommen wird verz. Eisenblech, alte verrostete Eisenbleche und Gegenstände aus verrostetem Eisenblech, eiserne Drähte und eiserne Matratzenfedern.	
7. Filzhüte,	alte, unbrauchbare, weiche Herrenhüte. A... übrigen Hüte werden als Lumpen unter 21 a... genommen	
8. Flaschen,	Wein- und Sektflaschen	
8a Flaschen,	aus hellem Glas, die zerbrochen oder ni... mehr verwendbar sind, werden als **weiße Glasscherben** angenommen.	
8b Flaschen,	aller Art, aus farbigem Glas, die zerbroch... und nicht als Weinflaschen usw. verwendbar sind, werden als **farbige Glasscherben** angenommen.	

Aufruf zum Sammeln von Rohstoffen für die Münchner Stadthilfe, Oktober 1918

Sechste Kriegsanleihe

5% Deutsche Reichsanleihe.
4½% Deutsche Reichsschatzanweisungen, auslosbar mit 110% bis 120%.

Zur Bestreitung der durch den Krieg erwachsenen Ausgaben werden weitere 5% Schuldverschreibungen des Reichs und 4½% Reichsschatzanweisungen hiermit zur öffentlichen Zeichnung aufgelegt.

Das Reich darf die Schuldverschreibungen frühestens zum 1. Oktober 1924 kündigen und kann daher auch ihren Zinsfuß vorher nicht herabsetzen. Sollte das Reich nach diesem Zeitpunkt eine Ermäßigung des Zinsfußes beabsichtigen, so muß es die Schuldverschreibungen kündigen und den Inhabern die Rückzahlung zum vollen Nennwert anbieten. Das gleiche gilt auch hinsichtlich der früheren Anleihen. Die Inhaber können über die Schuldverschreibungen und Schatzanweisungen wie über jedes andere Wertpapier jederzeit (durch Verkauf, Verpfändung usw.) verfügen.

Die Bestimmungen über die Schuldverschreibungen finden auf die Schuldbuchforderungen entsprechende Anwendung.

Aufforderung zur Zeichnung von Kriegsanleihen im März 1917

Helft, deutsche Frauen, den Frieden gewinnen!

Hut ab vor Euch, deutsche Frauen! Wir Männer haben es schon immer dankbar empfunden, wie Ihr im Hause als Frau und Mutter im stillen tätig wirkt. Mit immer regem Sinn habt Ihr die Hauswirtschaft geleitet, mit emsigem Fleiß gesammelt in Kasten und Spinde Wolle und Leinwand, schimmernde Wäsche, Kleider und Schuhwerk und viel anderes, was das Leben behaglich macht. Und zum Besitz füget Ihr noch die Freude an Glanz und Schimmer.

Da kam der Krieg! Mit ihm Zeiten der Einschränkungen in den Einnahmen und Vermehrung der Ausgaben. Die Vorräte schmolzen, Wolle und Leinen wurden seltener, die Kleider wurden aufgetragen, das Schuhwerk zerriß, Kisten und Kasten wurden leer. Bald fehlte es am Nötigsten, an Milch, Fett und Brot.

Entbehren sollst Du, entbehren, heißt der Gesang, den heiser jede Stunde singt. Da bewährtet Ihr Euch wieder, deutsche Frauen! Trotz Kälte, Frost, Regen und Wind standet Ihr auf der Straße, scheutet nicht Geld, noch Mühe und Geduld, um das Notwendigste zur Stillung der täglichen Bedürfnisse zu erwerben. Wenn Ihr schon mit Bangen jedem neuen Tag entgegensahet und die Sorge ums tägliche Brot immer größer wurde, immer wieder brachtet Ihr etwas auf den Tisch. Männer, Söhne und Kinder hieltet Ihr so bei Laune und Kräften.

Ihr Frauen wußtet: das Durchhalten ist auch eine Magenfrage! Aber noch andere schwierigere Aufgaben harrten Euer. Wo die Männer fehlten, mußten die Frauen ihre Arbeit übernehmen. Frauenhände führen den Pflug und die Sense und leiten die Pferde am Wagen. Frauen stehen an der Maschine, in den Werkstätten, im Laboratorium, in der Schreibstube, auf der Eisenbahn und Straßenbahn, auf der Post und in jeder Art öffentlichen Verkehrs. Frauen verrichten schwere körperliche und anstrengende geistige Arbeit. Ohne Rücksicht auf Bequemlichkeit und Gesundheit üben sie Tag und Nächte Werke der Nächstenliebe und Barmherzigkeit.

Der Pflichtgedanke „Ich dien" ist Euch längst durch Gewohnheit des Hauses und der Familie in Fleisch und Blut übergegangen. Darum leistet auch weiterhin Vaterlandsdienst in der Heimat. Das große Heimatheer all der rastlos Arbeitenden und Schaffenden im Inneren dient dem großen Volksheer draußen, das uns die Heimat schützt. Nicht allein durch Waffen, sondern auch durch Arbeit und Geld wird der Krieg entschieden. Volkskraft ist gleich Volksvermögen. Kriegsanleihen sind Volksanleihen, Kriegsanleiheurkunden sind Ehrenscheine.

Möge daher jede Magd, jede Frau, jede Arbeiterin, Bäuerin und Bürgerin einst mit Stolz mit ihrem Leumund einen solchen Schein aufweisen. Ihr alle im Seidenkleid und Wollenkittel sollt ihn erwerben. Denke keine auf „mein Weniges" kommt es nicht an. Wo wären die Milliarden, wenn nicht Hunderttausende kleiner Sparer Mark und Groschen aufgeboten hätten?

Ihr Hausfrauen wißt den Wert des Geldes genau zu schätzen. Deshalb wollt Ihr Eure Spargroschen so gut und so sicher als möglich anlegen und verzinsen.

Wer gewährt Euch größere Sicherheit, als die Kriegsanleihe? Das Reich haftet mit seiner Steuerkraft, mit dem gesamten Volksvermögen, das rund 375 Milliarden beträgt. Auf 43 Milliarden Mark ist das jährliche Einkommen des deutschen Volkes gestiegen. Das ist eine gewaltige Hypothek, die die Sicherheit der Kriegsanleihe verbürgt. Wer schläft da nicht, wenn er noch hört, daß jemand meint, zuhause im Strumpf, im Kamin, im Blumenscherben und in der Kammer wäre es sicherer.

Wer gewährt außerdem noch einen so hohen Zinsfuß von 5%?

Da braucht Ihr Euch wahrlich nicht zu besinnen, wo und wie Ihr das Geld nutz- und gewinnbringender anlegen könnt. Ihr wißt auch, daß Kriegsanleihen jederzeit vollwertig eingelöst werden. Es ist daher durchaus kein Opfer, das von Euch gefordert wird. Ihr leiht ja nur Euer Erspartes und Erworbenes auf Zins und Zinseszinsen und vermehrt damit in Wirklichkeit Euer Vermögen.

Säumt daher nicht, bei Sparkassen, Postanstalten, Banken oder Darlehnskassen Kriegsanleihe zu zeichnen und zwar sobald als möglich, denn die Zeichnungsfrist dauert nur mehr wenige Tage. Vergeßt nicht Euere Männer, Söhne, Brüder daran zu erinnern. Dringt darauf, daß jeder zeichnet. Bietet Eueren Einfluß auf, daß sie dieser Ehrenpflicht genügen. Und Ihr, die Ihr herbe Schmerzen und Verluste erlittet, weinet und klaget nicht, denkt ein Kreuzer ist in unserer Lage mehr wert als eine Träne.

Denkt, wem Euer angelegtes Geld zugute kommt. Doch nur Eueren Männern, Söhnen, Brüdern draußen. Sie werden durch immer bessere Waffen und Hilfsmittel in den Stand gesetzt, mit immer wenigeren Opfern durchzuhalten und zu siegen. Das Ende des Krieges wird damit beschleunigt und ein baldiger segensreicher Friede ermöglicht.

Ihnen, dem liebsten was Ihr habt, Eueren Kindern gilt es, damit sie es im neuerblühten Vaterlande einmal besser haben sollen als wir.

Darum, deutsche Frauen, bringt Euer Geld, Ihr helft damit den Frieden gewinnen, mit dem Frieden kommt das Glück wieder ins Haus und Sonnenschein in die Familie.

Alexander Heilmeyer, München.

Entwurf der Bildseite Prof. Richard Winckel, Magdeburg. Textsatz Mainzer Fraktur.
Herausgegeben und gedruckt von B. Heller, Buchdruckerei, München.

Flugblatt für Kriegsanleihen, Zeichnung von Richard Winckel

Werbeplakat für die siebte Kriegsanleihe

1918 lernen die Münchner Volksschüler den nachfolgenden »Gesang für Kriegsanleihe«:

> Infanterie im Schützengraben
> muss Gewehr und Kugel haben,
> denn was hilft der Mut dem Mann,
> Wenn der Mann nicht feuern kann.
> Artillerie die braucht Granaten,
> denn Granaten sind die Saaten,
> draus der Friede uns ersteht;
> und wer ernten will, der sät.
> Vieler Wagen braucht's zum Trosse,
> Kavallerie braucht viele Rosse,
> Ochsen, Kalb und Borstentier
> braucht der Gulaschkanonier.
> Deutschland kämpft mit einer Welt,
> und zum Krieg gebraucht man Geld.
> All ihr Männer, all ihr Frauen,
> die ihr Deutschland Heimat nennt,
> habt zum Vaterland Vertrauen,
> gebt ihm, was ihr geben könnt.

Zu dieser Zeit aber haben die meisten Münchner schon eine realistischere Sicht der Dinge. In Anspielung an die aus geschwärztem Eisenguss bestehenden Medaillen mit der Aufschrift »Gold gab ich zur Wehr, Eisen nahm ich zur Ehr«, die die Spender von Schmuck und Gold für jeden sichtbar auszeichnen, reimt der Volksmund inzwischen kurz und bündig:

> »Gold gab ich für Eisen.
> Dass ich ein Rindvieh bin,
> soll das beweisen.«

halten unerschütterlich die Wacht. An ihrer Tapferkeit wird der frevelhafte Vernichtungswille unserer Feinde zerschellen.«[40]

Insgesamt werden von 1914 bis 1918 neun Kriegsanleihen die gigantische Summe von 97 Milliarden Mark einbringen. Noch

Hunger und Not

> Geeint war die Stadt im Elend und schimpfte auf die Bauern des fruchtbaren Umlandes, die Brot und Butter, Eier und Fleisch hatten und die Bauern hassten die Hungerleider aus der Stadt, die bettelnd zu ihren Toren kamen.
> JULIE MEYER-FRANK

Kommunale Aufgaben

Nur wenige Tage nach Kriegsbeginn wird in München ein für die »städtische Kriegsfürsorge« zuständiger Hauptwohlfahrtsausschuss gegründet. Dieses Gremium, das sich als »freiwilliges Organ des Lieferungsverbundes München für Kriegsleistungen« definiert, besteht aus Mitgliedern des Magistrats- und Gemeindekollegiums, Delegierten verschiedener gemeinnütziger Vereine und Vertreterinnen der Münchner Frauenorganisationen. An der Spitze steht ein Vorstand, dessen Leitung wiederum der 1913 erneut gewählte Rechtskundige 1. Bürgermeister Dr. Wilhelm Ritter von Borscht innehat.

Zusätzlich werden in den Münchner Stadtbezirken untergeordnete lokale Bezirkswohlfahrtsausschüsse eingerichtet. Neben dem jeweiligen Bezirksinspektor ist je ein Vertreter des Magistrats, des Haus- und Grundbesitzervereins und eine Abgesandte der örtlichen Frauenvereine unter anderem auch für städtische Leistungen und Zuschüsse zuständig. Und diese sind für immer mehr Familien, die schon kurz nach Kriegsbeginn unter den Auswirkungen der »Kriegswirtschaft« leiden, lebensnotwendig. Schon am 13. August 1914 berichtet das Bayerische Wochenblatt:

»Die Arbeitslosigkeit ist in München überaus groß. Die Schuhindustrie hat die Fabriken meistens geschlossen, ebenso die Herren- und Damenkonfektion. Auch im Baugewerbe herrscht große Arbeitslosigkeit, ebenso im Buchbindergewerbe. Für die Arbeiterschaft beginnt also eine Zeit der Not und des Elends. Auf der einen Seite keine Beschäftigung, auf der anderen die Teuerung aller Lebensmittel.«

Ähnliches gilt für zahlreiche Kleingewerbetreibende, Händler und Saisonarbeiter. Nach dem Verbot von Faschingsveranstaltungen im Januar 1915 beschweren sich die Betroffenen:

»Für die Saalinhaber bedeutete der Fasching meist die Haupteinnahme. Schwere Einbußen erleiden auch die Dekorateure und Kostümgeschäfte. Der Weinverbrauch erreichte im Fasching selbst in den wenig guten letzten Jahren immer noch eine bedeutende Höhe. All diese Branchen werden schwer getroffen. Besonders empfindlich ist der Ausfall der Faschingsfeste für die schon seit Kriegsbeginn arg bedrängten Musiker und Kellner.«[41]

Da bringen städtische Zuschüsse – bis zu neun Mark monatlich sowie zusätzlich drei Mark im Winter und vier Mark pro Kind bis 15 Jahre – ergänzt durch eventuelle Leistungen wie Milch- und Brotzuweisungen, Kostkarten für Suppenanstalten, Gutscheine für Heizmaterial, Mietzuschüsse oder Kleider und

Schlangestehen für Brot und Mehl am Wiener Platz, 1916

Einrichtungsgegenstände aus den Beständen des Hauptwohlfahrtsausschusses, nur bedingt Linderung.

Auch die Gründung einer Lebensmittelversorgungsgesellschaft mbH im Herbst 1915, an der neben Vertretern der Stadt die Handelskammer, Konsumvereine und Händlerorganisationen beteiligt sind, kann die Misere nicht beenden. Da in Militär- und Regierungskreisen nur mit wenigen Monaten Kriegsdauer gerechnet wurde, ist man auf eine längerfristige Grundversorgung der Großstadt München, die 1915 rund 630 000 Einwohner hat, schlicht nicht vorbereitet.

Verbote und Erlasse

Schon in den ersten Kriegswochen kommen gezielt minderwertige Lebensmittel auf den Markt. So wird in den Bäckereien ein »Roggenbrot« angeboten, dessen Substanz in Wirklichkeit zu einem Großteil aus Kartoffelmehl besteht. Nach zahlreichen Beschwerden muss dieses Produkt ab Oktober 1914 mit der Bezeichnung »Kriegsbrot« kenntlich gemacht werden.

Und dann kommt Verordnung nach Verordnung, Verbot nach Verbot. Ab dem 15. Februar 1915 ist die Herstellung von Bretzen, Kaisersemmeln, Hörnchen und Schnecken untersagt.

Essensausgabe durch Feldküchen in den Münchner Vorstädten

Nur noch »einfach geformte runde Laibchen« sind als »Kriegssemmeln« zulässig. Ab März 1915 ist Mehl nur noch gegen Marken erhältlich, der Verbrauch wird pro Kopf und Tag auf 200 Gramm eingeschränkt. Ab dem 4. März werden Karten für Brot ausgegeben. Größere Vorräte an Hafer, Weizen und Roggen müssen den einschlägigen Stellen gemeldet werden.

In einer Verordnung über die Einschränkung des Kuchenbackens vom 25. März 1915 wird verfügt, dass die Verwendung von Hefe, Backpulver und ähnlich wirkenden Mitteln zum Bereiten des Kuchens nicht mehr gestattet ist. Dies gilt nicht nur für Bäckereien, sondern ausdrücklich auch für private Haushaltungen. Seit dem 4. Juni 1915 gibt es sogar Höchstpreise für Gebäck. Bei Zuwiderhandlung drohen Geldstrafen, die Verurteilung zu Gefängnis bis zu sechs Monaten oder die Schließung des Geschäfts.

Inzwischen ist auch der Preis für Bier, das damals noch Volksnahrungsmittel ist, angestiegen. Während vor Kriegsbeginn der Liter noch 24 Pfennige kostete, ist gegen Ende des ersten Kriegsjahres ein Liter »Winterbier« nur noch für 28 Pfennige, ein Liter Sommerbier für 30 Pfennige erhältlich. Ebenfalls 30 Pfennige kostet das Flaschenbier. Nur wenige Monate später werden für den Liter Sommerbier schon 32 Pfennige zu

Bekanntmachung der Regierung von Oberbayern über Höchstpreise im Sinne des Gesetzes vom 4. August 1914

Ausweismarken für Brot und Kriegssemmeln, Frühjahr 1915

Aufruf für »Spenden von Säuglingswäsche und Kinderzeug«

bezahlen sein. Gleichzeitig wird die Produktion von Starkbier verboten und eingestellt. Aufgrund der Kontingentierung von Rohstoffen wird im Juli 1917 auch das bisher den Brauereien zugestandene Malzkontingent auf 15 Prozent herabgesetzt. Dementsprechend ist die Qualität des nun produzierten »Dünnbieres«.

> **JUGENDLICHE BROTMARKENDIEBE**
>
> Am 17. November 1917 ersuchte in der Kreittmayrstraße der Kutscher eines hiesigen Schülerbrotwagens zwei etwa 12 Jahre alte Knaben beim Brotaustragen behilflich zu sein. Während nun sich der Mann mit der Verteilung des Brotes beschäftigte, stahlen die beiden Jungen aus einem Kuvert in seiner Abwesenheit, das sich auf dem Sitze des Kutschers befunden hatte, 120 Stück Brotmarken im Gewichte von 60 Pfund, trugen sie nach Hause und übergaben sie ihren Müttern. Zur Anzeige gebracht, erhielten die beiden Frauen einen Strafbefehl wegen Hehlerei auf je eine Gefängnisstrafe von fünf Tagen zudiktiert.
>
> NEUE FREIE VOLKS-ZEITUNG IN MÜNCHEN, RÜCKBLICK, 20. AUGUST 1918

Im Mai 1915 wird die Fleischkarte eingeführt. Da ein Großteil der bayerischen Zuckerproduktion von der Rüstungsindustrie für die Herstellung von Glyzerin benötigt wird, ist auch dieser nur noch gegen Marken erhältlich. Im September werden Marken für Obst und Gemüse, im Dezember für Kartoffeln und Milch ausgegeben. Städtische Kartoffelverkaufsstellen und Milchverteilungsstellen werden in den Stadtteilen eingerichtet.

Inzwischen verweigern verärgerte Bauern sogar die Erntetätigkeit. Da Höchstpreise festgesetzt sind, rentiert sich die Arbeit nicht mehr. So lässt man die Kartoffeln einfach auf den Feldern liegen. Auf der anderen Seite zahlen Aufkäufer der Heeresverwaltung den Bauern Preise, die deutlich über der staatlich festgelegten Höchstgrenze liegen. Bei einer Debatte im Münchner Rathaus schieben sich im August 1915 Großhändler und Bauern gegenseitig die Verantwortung für die verfahrene Lage zu.

Schleichhandel und Wucher machen sich breit. Trotz Hunger in der Stadt werden von Spekulanten Lebensmittel gehortet und zurückgehalten. Am 6. September des Jahres 1916 beschließen der Gewerkschaftsverein und die Münchner SPD, gegen den »Kriegswucher« vorzugehen. Die Überwachung und Kontrolle der »festgesetzten Warenhöchstpreise« wird dem Arbeitersekretariat im Gewerkschaftshaus übertragen. Schon in den ersten vier Monaten werden 256 Verstöße festgestellt.

Gleichzeitig vermehren sich die einschlägigen Verbote und Erlasse. Allein im Mitteilungsblatt der Handelskammer München vom 6. Oktober 1915 werden 18 weitere Paragrafen angekündigt. Bestraft werden soll demzufolge unter anderem, wer »Verbrauchsmilch eindickt, verbuttert, verkäst« oder »Schlagrahm herstellt, feilhält, verkauft oder sonst in den Verkehr bringt«. Sogar das Färben von Ostereiern ist nun verboten.

Zusätzlich sorgen Fehlplanungen der Stadtverwaltung für Verdruss. So wird am 6. Februar 1915 eine eigentlich für ganz München vorgesehene wertvolle Ladung des ohnehin viel zu knappen Zuckers aus Versehen an nur einen einzigen Kolonialwarenladen in der Schillerstraße ausgeliefert. Über 500 Menschen drängen sich alsbald vor dem Geschäft. Am nächsten Tag begeht man denselben Fehler erneut. Diesmal finden sich vor der betroffenen Verkaufsstelle im Tal sogar an die 2000 Menschen ein. Stundenlang warten Frauen und Kinder auf ihre Zuteilung.

Ähnliche Zustände spielen sich vor der Freibank am Münchner Viktualienmarkt ab. Um ein Stück Pferdefleisch zu erwerben, ist man gezwungen, die Nacht über vor dem Gebäude Schlange zu stehen. Der Lehrer und Essayist Josef Hofmiller beschreibt die lästige Einkaufsprozedur, die durch den bürokratischen Aufwand mit Marken und Zuteilungen immer mehr Zeit in Anspruch nimmt:

»Um 8 Uhr in der Bazeillesschule, um Lebensmittel fürs Büble zu holen. Man schickt mich nach Metzstraße 12, Säuglingsanstalt, um die Karte abstempeln zu lassen. Ich kann die Beamtin erst um ¼ 11 treffen. Inzwischen heim, um nachzusehen, ob wir die Reserve-Brotmarken-Abschnitte noch haben. Nein. Zur Dollin, Zwiebel und Beeren bestellt. Sie sagt, der Abschnitt gilt. In die Isaria-Drogerie, gefragt, ob schon Süßstoff da ist. In der Schloßstraße versucht, Brot zu kaufen: der Abschnitt gilt nicht, weil die rechte Hälfte fehlt. Zur Bäckerei Seeberger: versucht, ob mir vielleicht sie für meine Abschnitte Brot geben. Abgewiesen. Zurück zur Dollin, ob sie vielleicht diese rechten Abschnitte hat. Nein. Zu Kufner, mich für Butter und Käse vormerken zu lassen. Wieder Metzstraße 12, abstempeln lassen. Man macht mich aufmerksam, dass mehrere Marken sofort verwendet werden müssen, sonst verfallen sie. Also gleich wieder zurück zur Isaria-Drogerie, um mich vormerken zu lassen für Säuglingsnahrung und Haferflocken. Wieder zur Dollin, um Zwiebel und Beeren auch für soeben erhaltene Marken zu bestellen. Zu Seeberger: sie gibt mir aus Gnade, weil ich eine alte Kundschaft bin, ½ Pfund Brot. Zu Kufner, 2 Buttermarken abgeben, die ich soeben für den Säugling erhalten habe. So sieht ein Kriegsvormittag aus. Solche Kriegsvormittage habe ich hunderte hinter mir.«[42]

> **ZUSAMMENSTOSS MIT EINEM SCHLEICHHÄNDLER**
>
> Nach Ankunft eines Zuges im Ostbahnhof kam es Samstagabend am Orleansplatz zu einem Zusammenstoß zwischen Polizei und einem Schleichhändler. Ein Hilfsschutzmann bemerkte dort einen ihm verdächtig erscheinenden Mann, der schwere Last trug. Ersterer verständigte einen Schutzmann. Beide gingen auf den Verdächtigen zu, der als der als Schleichhändler bekannte Taglöhner Sterzer erkannt wurde. Die Schutzleute stellten Sterzer, dieser zog ein Messer, ging auf die Schutzleute los und bedrohte sie derart, dass die Schutzleute blank zogen und Sterzer mit Säbelhieben am Kopf, Brust und Arm verletzten. Es gelang so dessen Festnahme. Im Rucksack hatte Sterzer große Mengen Fleisch, mehrere Enten und Saccharin.
>
> NEUE FREIE VOLKS-ZEITUNG IN MÜNCHEN, 17. SEPTEMBER 1918

Erste Hungerdemonstrationen

Inzwischen besteht Brot nur noch aus Kleie und Kartoffeln, Marmelade aus gelben Rüben, die »Kriegswurst« aus Abfällen und roter Grütze. Ersatzzucker, Ersatzmilch und Ersatzeier sind in der Regel ungenießbar. Ersatzkaffee wird aus »glitschigen, nassen Rüben«, die man zerhackt und in einer Schnitzelmaschine zerkleinert, hergestellt.

Die Münchner Metzgereien haben mangels Angebot die meiste Zeit geschlossen. Auf dem Viktualienmarkt werden Dachsfleisch und Eichkätzchen angeboten. Prinzessin Hildegard von Bayern richtet auf dem Gelände des Marstalls eine Kaninchenzucht ein. Im Englischen Garten pflanzen Schulklassen Lebensmittel an und bewachen diese gegen nächtliche Diebstähle.

Um Schuhe zu schonen werden Kinder aus den ärmeren Vierteln barfuß in die Schulen geschickt. Für die Herstellung von Socken sollen Strumpfgarnreste verwendet werden, da Baumwolle knapp und »Kriegsware, weder schön noch besonders haltbar« ist. Kaputte und durchgelaufene Ledersohlen werden vom Schuster durch Holzsohlen ersetzt. Das Arbeitermuseum in der Pfarrstraße 3 bietet Tipps für Bindfadenersatz an und empfiehlt für die Sterilisierung von Ziegenmilch Bier- und Limonadenflaschen mit Patentverschluss. Die Münchner Zeitungen veröffentlichen Rezepte für »Kriegsschwammerl« und »Kartoffelsalat ohne Öl«.

»Zu was für seltsamen Aushilfen damals die Not führte. Ich sehe mich am Wasserausguss stehen und aus altem Zeitungspapier dicke durchfeuchtete Kugeln unter großem Kräfteaufwand zusammendrehen, die getrocknet beim Heizen die nicht mehr erhältlichen Briketts zu ersetzen hatten. In der eisigen Winterfrühe wurden im Bett die durchgelaufenen Strümpfe gestopft, die längst keinen Faden von ihren ursprünglichen Sohlen mehr hatten, sondern ein Flickwerk über das andere gesetzt, allmählich einen ganz neuen filzigen Boden bekamen.«[43]

Im April 1916 kommt es in einer Verteilungsstelle auf der Schwanthalerhöhe zum Streit. Man ruft die Polizei. Als ein Schutzmann die Personalien einer Kundin feststellen will und dabei mit dem Säbel droht, eskaliert die Situation. Der

Kriegs-Speisenkarte der Gaststätte Bauerngirgl,
2. April 1917

Aufruf zum Sammeln von Brennnesseln für die Bayerische
Nesselstelle in der Fürstenstraße

Preisliste für zuckerhaltige Futtermittel, Mitteilung der Münchner Handelskammer, Juni 1915

Mehlkarten der Stadt München, März/April 1915

Ordnungshüter wird von einigen resoluten Frauen kurzerhand entwaffnet und mit Ohrfeigen bedacht.

Im Juni 1916 macht sich die Verbitterung erstmals in größeren Demonstrationen Luft. Am 17. und 18. Juni versammeln sich über 2000 Frauen, Jugendliche und Soldaten in der Innenstadt. Die Frauen aus den Vorstädten kommen zum Teil mit der Straßenbahn, wie der erstaunte 2. Münchner Bürgermeister Otto Merkt in einem Bericht ausdrücklich erwähnt. Die Polizei aber steht diesem Treiben eher ratlos gegenüber. Wehrlose Frauen, zum Teil mit Kindern auf dem Arm, sind bei den Übungen und Planspielen für die Auflösung von Demonstrationen und Protestveranstaltungen nicht vorgesehen.

Auch Erich Mühsam beobachtet das Treiben. Unter dem Datum »München, Sonntag, den 18. Juni 1916 (früh)« notiert er in sein Tagebuch:

»Das Volk steht auf! Gestern erlebten wir den Auftakt der Revolution. (…) In der Tat stand der Marienplatz voll von Leuten, die ich auf 10 000 Personen schätzte. (…) Johlen und Pfeifen war zunächst das einzige Merkmal der Erregung. (…) Da entdeckte ich plötzlich, dass die Dienerstraße entlang Militär anrückte mit aufgepflanztem Bajonett und sich an der Ostseite des Rathauses aufstellte. Eine maßlose Wut brach durch. Alles schrie: Pfui! Gemeinheit! Sauhunde! (…) Angesichts der infolge der Provokation bedrohlichen Volkswut zog sich die Kompagnie dann zum alten Rathaus zurück. Jetzt flogen Steine und harte Gegenstände gegen die Fenster der Häuser und plötzlich hörte man an der Rosenstraße einen Riesenlärm von Steinwürfen und niederprasselnden Fensterscheiben, jeder Wurf von dauernden Bravos der Masse begleitet.«

»Dotschland, Dotschland über Alles«

In fast allen Stadtteilen sind inzwischen Stände und Holzhüttcn aufgestellt, in dcnen Dotschcn, also Steckrüben oder auch Wrunken, verkauft werden. Der Winter 1916/17 gilt den Münchnern alsbald nur noch als der »Dotschenwinter«. In den Zeitungen und Zeitschriften aber macht man immer noch auf gute Stimmung. Die Münchner Hausfrau gewinnt dem Ganzen sogar eine humoristische Seite ab. Am 25. März 1917 ist zu lesen:

»Dotschen! – Wie das schon klingt. So breit und ordinär, so geringschätzig und verächtlich, als wenn man mit dem Namen allein schon die ganze Geringschätzung und Verachtung betonen wollte, die man für diese Gemüseart empfindet. (…) Aber was kannst da machen: mitmachen ganz einfach. Ruhig weiter Kohlrüben- und Dotschendiners veranstalten. Gehört auch zum ›Durchhalten‹. Und mit der Zeit gewöhnt man sich auch ganz schön dran. Mir beispielsweise fällt schon gar nichts mehr drüber ein, dass in unserer Wohnung nun schon seit Wochen der Geruch nach ›Viehtrank‹ ein aufdringlich vorherrschender ist. Wie mir auch der Weg nach dem ›Dotschenpalast‹ – Sie wissen doch, dass der Münchner Volkswitz die Großmarkthalle so getauft hat – schon längst ein wohlvertrauter, altgewohnter ist, den ich sicher schmerzlich vermissen würde, wenn ich ihn eines Tages nicht mehr machen könnte; wenn die ›Dotschenherrlichkeit‹ einmal ein schnelles, unvermutetes Ende fände.«

Doch mit der »Dotschenherrlichkeit« scheint es nicht allzuweit her zu sein. So mancher Münchner erinnert sich rückblickend an eine kärgliche, von Hunger gezeichnete, Kindheit:

DOTSCHENGERICHTE FÜR 4 PERSONEN:

Dotschensuppe
10 g Fett, 40 g Mehl, 1 ½ Pfd. gekochte, durchgetriebene Dotschen,
1 ½ Ltr. Dotschenwasser, Salz nach Geschmack. Helle Einbrenne mit Dotschenwasser ablöschen, mit Dotschen abschmecken.

Braunes Dotschengemüse
2 ½ Pfund Dotschen, 1 Eßl. Zucker, 4 Eßl. Mehl,
½ Liter Dotschenwasser, Salz. Würflig geschnittene Dotschen in Salzwasser kochen, abgießen. Zucker und Mehl in eiserner Pfanne bräunen, auffüllen, durchkochen, die Dotschen darin durchziehen lassen. Nach Belieben mit etwas Essig würzen.

VEREIN FÜR HAUSWIRTSCHAFTLICHE FRAUENBILDUNG,
MÜNCHEN 1918

»In dieser Zeit retteten uns nur noch die ›Dotschen‹ vor dem Verhungern. Dotschengemüse, Dotschenmarmelade, geröstete Dotschen als Kaffee-Ersatz, alles roch nach Dotschen, sogar der Schweiß unserer immer mehr einfallenden Körper.«[44]

Um an einigermaßen genießbare Lebensmittel zu kommen, fahren viele der hungrigen Städter zum Hamstern aufs Land. Auf die Bauern allerdings ist man nicht allzu gut zu sprechen. Sogar die als Hilfskräfte auf den Bauernhöfen eingesetzten Kriegsgefangenen, deren Verpflegung in den meisten Fällen dem der Mägde und Knechte entspricht, werden beneidet.

Der Schriftsteller Josef Hofmiller beschreibt die Verhältnisse in den völlig überfüllten Zügen:

»Alle Züge vollgestopft mit Menschen. Die Leute stehen nicht nur im Mittelgang, sondern sogar zwischen denn Sitzbänken. Die Gepäckbretter voll Kisten, Eierschachteln, Honigdosen, Tuch- und Kleiderballen, kleinen Fässern, Blechkanistern, Körben, vor allem aber den schwersten und unförmlichsten Rucksäcken. Wer überhaupt in den Wagen hineinkommt, ist glücklich. Auf beiden Seiten sitzen die Reisenden auf den Trittbrettern und halten sich an den Griffen, da auf den Plattformen kein Platz mehr. Man hört fortwährendes Streiten um Plätze, Schimpfen, Fluchen, Drohungen.«

Ab dem 2. März 1917 versucht die Bayerische Staatsregierung diesem Treiben Einhalt zu gebieten. Aufgrund eines »Erlasses zur Unterbindung des privaten Lebensmittelhandels« werden nun auf den Bahnhöfen Kontrollen durchgeführt. Doch die oftmals von der anstrengenden Reise mit ihren langen Fußmärschen entkräfteten Menschen wehren sich gegen die als ungerecht empfundene Behandlung. Auch dem Münchner Magistrat geht der Regierungsbeschluss zu weit. Am 13. März 1917 spricht sich das Münchner Gremium einstimmig gegen diese Kontrollmaßnahmen aus.

Inzwischen wird auch das Heizmaterial knapp. Brennstoff für die Kriegsindustrie und Kohlen für die Eisenbahn, die die Front mit Soldaten, Kriegsmaterial und Lebensmitteln versorgt, gehen vor. Zivile Geschäfte und Betriebe müssen sich mit der Zuteilung über Kohlenkarten begnügen.

Um Brennmaterial zu sammeln, ziehen die Münchner in die Grünanlagen, den Englischen Garten und die umliegenden Wälder. Ab 1916 ist für Gaststätten und Wirtshäuser um 22 Uhr Sperrstunde. Im März 1917 werden zahlreiche Kinos, Theater, Kabaretts und Konzertsäle wegen Brennstoffmangel geschlossen. Gleichzeitig spitzt sich die Ernährungssituation dramatisch zu. Am 7. März 1917 führt der »Ärztliche Beirat der Stadt München für Lebensmittelangelegenheiten« in einer Stellungnahme zur aktuellen Lage aus:

»Es ist nach den Lehren der Wissenschaft vollständig ausgeschlossen, dass ein gesunder Mensch bei diesen knappen Ernährungsmengen arbeitsfähig bleibt.«

1918 sinkt die zur Verfügung stehende Fleischration auf 200 Gramm pro Woche und Person. Als auch dies nicht mehr gewährleistet werden kann, werden »fleischlose Wochen« ausgerufen. Gesundheitsexperten erklären in den Zeitungen, dass vegetarische Ernährung ohnehin gesünder als Fleischkost sei.

Im Herbst 1918 kommt es zu einer weiteren Katastrophe. Nach einem ersten Auftreten im Frühjahr verbreitet sich die inzwischen als weltweite Pandemie ausgebrochene Spanische Grippe erneut in München. Viele Menschen, vor allem im Alter zwischen 20 und 40 Jahren, die der ohnehin schon dezimierten Kriegsgeneration angehören, fallen der Krankheit zum Opfer. Allein in München sterben zwischen Oktober und Dezember 1918 rund 3000 Menschen.

»Das einfache Volk, da sind viele verhungert damals, buchstäblich! Das heißt, offiziell sind sie natürlich an was anderem gestorben. Zum Beispiel war kurz vor Kriegsende in München eine furchtbare Grippeepidemie. Ich hab sowas nie mehr erlebt. Die Leute waren so unterernährt, dass sie gar keine Wider-

> **LANDGERICHT MÜNCHEN II**
>
> Beim Hamstern erwischt wurde im Mai dieses Jahres in Dorfen der Versicherungsinspektor Oskar J. von München. Die 48 Eier, die er ergattert hatte, wurden ihm nicht nur abgenommen, sondern er selbst auch vom dortigen Schöffengericht zu 20 Mark Geldstrafe verurteilt. Das Berufungsgericht hatte jedoch ein Einsehen und setzte die Strafe auf 3 Mark herab.
>
> NEUE FREIE VOLKS-ZEITUNG IN MÜNCHEN, 18. SEPTEMBER 1918

standskraft mehr gehabt haben. Da waren überall an den Läden Schilder: ›Wegen Grippe geschlossen.‹ Da sind die Leut zu Tausenden gestorben, ›an der Grippe‹ hats geheißen. Sie sind halt verhungert.«[45]

Wohnungsnot und die Gründung der GWG

1916 kommt das bayerische Innenministerium in einer Untersuchung zur Wohnungssituation in München zu dem Ergebnis, dass nach Beendigung des Krieges – und damals ging man noch von einem Sieg aus – mit einer riesigen Wohnungsnot zu rechnen sei. Insgesamt fehlen 1916 schon 5000 bis 6000 Wohnungen in der Stadt. Bezahlbarer Wohnraum wird zur Mangelware. 1917 werden im ersten Vierteljahr in München gerade noch 37 Wohnungen gebaut.

Um gegenzusteuern, wird insbesondere von städtischen Gremien immer wieder die Gründung einer gemeinnützigen Siedlungsgesellschaft in Erwägung gezogen. Auch die Idee von Gartenstadtsiedlungen im Umkreis Münchens, in denen bei preiswertem Grund und Boden die Versorgung der Menschen durch kleine Gärten mit Lebensmitteln und Kleintierhaltung ermöglicht werden soll, wird diskutiert.

Und dann beginnt man tatsächlich, nur wenige Monate vor Kriegsende die Idee einer städtisch dominierten Wohnungsbaugesellschaft zu realisieren. Am 6. Mai 1918 wird im Sitzungssaal des Gemeindekollegiums des Münchner Rathauses die auch heute noch existierende Gemeinnützige Wohnstättegesellschaft München m. b. H., kurz GWG genannt, gegründet. Das Gesamtkapital des Unternehmens beziffert sich zu diesem Zeitpunkt durch Einlagen der Stadt sowie verschiedenster Firmen, Genossenschaften, Gewerkschaften und Vereine auf 847 500 Mark. In einer Werbeaktion am 25. Februar 1918 werden auch die Münchner Bürger zur Zeichnung von Stammeinlagen ab einer Höhe von 500 Mark aufgefordert.

Die Begründung des Aufrufes, vom damaligen Oberbürgermeister Dr. von Borscht unterzeichnet, ist kurz und bündig:

»Nacheinander ist die Befriedigung der notwendigsten Lebensbedürfnisse – Nahrung, Kleidung, Brennstoffe – immer größeren Schwierigkeiten begegnet. Diese haben nun auch auf die Obdachbeschaffung übergegriffen. Sich dieser Erkenntnis zu verschließen wäre kurzsichtig, sich bei Erforschung der Ursachen aufzuhalten zwecklos. Es gilt nur vorwärts zu schauen und auf schleunige tätige Abhilfe zu sinnen.«[46]

Die großen Münchner Rüstungsfirmen allerdings bleiben außen vor. Nicht eines der in München angesiedelten Rüstungsunternehmen beteiligt sich finanziell an diesem Wohnungsbauförderungsprojekt.

Friedensbewegung und Zensur

> Ludwig II steh auf und regier!
> Ludwig III leg di nieder und krepier!
>
> AUF EINEM AN DER MÜNCHNER RESIDENZ GEFUNDENEN HANDZETTEL, JANUAR 1916

»Wir fordern Frieden! Frieden für alle!«

Schon am 21. März des Jahres 1914 spricht Rosa Luxemburg im völlig überfüllten Münchener Kindl-Keller am Rosenheimer Berg zum Thema »Militarismus und Volksfreiheit«. Sie prangert »das unsinnige Wettrüsten der Mächte« an und warnt vor einem Krieg, der »das Lebenswerk der Völker verzehrt«.

Zu diesem Zeitpunkt ist Rosa Luxemburg noch davon überzeugt, dass die gut organisierte und international vernetzte Sozialdemokratie einen Krieg verhindern kann. In diesem Zusammenhang macht sie sich auch über die amtierende Regierung lustig und erinnert an Bismarck und die Sozialistengesetze: »Wenn ein Mann von Blut und Eisen trotz Ausnahmegesetz nicht mit uns fertig geworden ist, wie wollen das die Knirpse fertig bringen, die heute an der Spitze stehen?«

Ähnlich wie Rosa Luxemburg gehört Friedrich Wilhelm Foerster, seit 1914 Professor für Pädagogik und Philosophie an der Münchner Ludwig-Maximilians-Universität, zu den frühen Kriegsgegnern. Von Anfang an antimilitaristisch eingestellt gilt er vielen als Ultrapazifist. Seine Vorlesungen werden von nationalistischen Studenten gezielt gestört, er selbst wird immer wieder verhöhnt, bedroht und tätlich angegriffen.

Aber auch in den ärmeren Stadtteilen Münchens regt sich relativ früh Widerstand. Schon 1915 werden in der Au und in Giesing, am Unteranger und in der Thalkirchner Straße auf Schreibmaschinen getippte Aufrufe in die Briefkästen geworfen:[47]

»Von Frauen an die Frauen! Wir wollen nicht mehr länger zusehen, wie man unsere Männer und Söhne hinschlachtet! Und wir wollen nicht mehr länger dulden, dass sich die Väter unserer Kinder die Hände mit dem Blut ihrer Menschenbrüder beflecken müssen! Wir fordern Frieden! Frieden für alle!«[48]

Im Frühjahr 1915 nehmen Anita Augspurg und Lida Gustava Heymann vom Verein für Frauenstimmrecht Kontakt mit dem Vorsitzenden der Deutscher Friedensgesellschaft und späteren Friedensnobelpreisträger Ludwig Quidde auf. Am 1. Februar 1915 wird ein Flugblatt »An die Frauen Europas« gerichtet. Zwei Monate später reisen Augspurg und Heymann zum ersten Internationalen Frauenkongress nach Den Haag. Vom 28. April bis zum 1. Mai tagen dort 1500 Frauen aus zwölf Ländern und gründen den Frauenausschuss für einen dauernden Frieden.

Im Café Luitpold treffen sich ab 1915 regelmäßig prominente Kriegsgegner in einem Nachmittagskreis. Mit von der Partie ist neben dem anarchistischen Schriftsteller Erich Mühsam der Theaterautor Frank Wedekind, der Dramatiker Kurt

Anita Augspurg, Mitbegründerin des »Frauenausschusses für einen dauernden Frieden«

Martens, der Mystiker Gustav Meyrink und Heinrich Mann, Autor des vor Kurzem in einer Vorveröffentlichung erschienenen späteren Bestsellers »Der Untertan«.

Eine Lehramtskandidatin aus der Luisenschule, einer in der Nähe des Alten Botanischen Gartens sich befindenden »Anstalt für höhere Töchter«, veröffentlicht im Oktober 1916 einen Aufruf mit der Klage: »Frauen Europas, wie lange könnt Ihr dieses Wehgeschrei, das von allen Schlachtfeldern in Eure Seele dringt, noch hören?« Prompt wird die junge Pädagogin vom Kultusministerium aus dem Schuldienst entfernt.[49]

Eine weitere Lehrerin namens Maria Zehetmaier protestiert in ihrem Flugblatt nicht nur gegen das Geschehen auf den Schlachtfeldern, sondern auch gegen das die Kriegsführung unterstützende »nationale Engagement« vieler Frauen und gegen den »vaterländischen Frauendienst«:

»Ich bin schon am Anfang des Krieges, schon vor dem Kriege, irre geworden an den deutschen Frauen, und ich werde es immer mehr. Welches Gebot Gottes gebietet den Krieg, den vorsätzlichen und überlegten, mit allen Mitteln einer perversen Technik ausgeführten, grausamen Massenmord? Und doch gebärden sich die meisten Frauen, als ob es kein Gott wohlgefälligeres Werk geben könnte.«[50]

Inzwischen machen immer öfter selbst gefertigte Handzettel die Runde. Am Eingang zum Wittelsbacher Palais findet man eine tote Katze mit einem Begleitzettel. Auf ihm ist notiert: »Ludwig schaffe Wandel hier, sonst gehts Dir wie dem Katertier.«

Neben dem zunehmenden Wunsch nach einem baldigen Frieden verstärken sich auch im Volksmund die klassenkämpferischen Töne:

Wir kämpfen nicht fürs Vaterland.
Wir kämpfen nicht für Brot.
Wir kämpfen für die Großen,
Die Kleinen schlägt man tot.

Ab 1916 versucht Erich Mühsam das Engagement gegen die offizielle Kriegspolitik durch die Zusammenarbeit auch mit liberalen Gruppierungen und Personen auf eine breitere Basis zu stellen. Alsbald trifft sich regelmäßig donnerstags ein illustrer Kreis von Kriegsgegnern und Sozialisten in der Arbeiterwirtschaft zum Goldenen Anker in der Schillerstraße. Oskar Maria Graf, der ebenso wie Kurt Eisner an den Treffen teilnimmt, beschreibt kurz und knapp die Anwesenden:

»Vier oder fünf ganz getreue, rundherum etliche oppositionelle SPD-Proleten, Intellektuelle und vor allem kriegsmüde Proletarierinnen, Frauen mit ausgelaugten Gesichtern, zerarbeiteten Händen und entschlossenen Augen, (…) Syndikalisten und Anarchisten, merkwürdige Menschen mit anthroposophischen Ideen und pazifistische Dichter.«

»Persönliches Schreibverbot für pazifistische Zwecke«

Die Münchner Bevölkerung aber erfährt in der Presse von alledem nichts. Die zuständige, dem bayerischen Kriegsministerium unterstellte Zensurstelle des Stellvertretenden Generalkommandos unter der Regie eines Oberstleutnants Alphons Falkner von Sonnenburg, unterbindet alle unliebsamen Berichte und Informationen.

Schon seit dem 22. März 1915 werden Zeitungsartikel, die »geeignet erscheinen, die Bevölkerung aufzureizen und den inneren Frieden zu stören« verboten. Briefe und Telegramme werden gelesen und beschlagnahmt, Postsendungen durchsucht und zurückgehalten, Hausdurchsuchungen durchgeführt und von Kriegsgegnern organisierte Versammlungen in privaten Räumen aufgelöst. So manchem potenziellen Auslandsreisenden wird »durch geeignete Maßnahmen der Grenzübertritt verwehrt«.

Auch der renommierte Kulturhistoriker und Publizist Dr. Wilhelm Herzog unterliegt der Zensur. Lapidar bekennt das Stellvertretende Generalkommando: »Die Korrespondenz des Schriftstellers Wilhelm Herzog wird hier seit dem 17. 6. 1915 überwacht.«

Noch im September desselben Jahres wird die von ihm herausgegebene Zeitschrift Forum verboten und für die »Dauer dieses Krieges« eingestellt. In der Begründung wirft man den Autoren »Propagierung eines völlig unangebrachten Europäertums« und das Eintreten für die Idee der »Vereinigten Staaten von Europa« vor.

Die grundsätzliche Bewertung der Zeitschrift durch die Aufsichtsbehörde aber wirkt wie ein unbeabsichtigtes Lob. Möglicherweise zollt hier sogar der Zensor dem Herausgeber und seinen Mitarbeitern Respekt:

»Das Forum hat für die pazifistische Bewegung eine besondere Bedeutung erlangt. Es kann als der vornehmste Ausdruck aller Bestrebungen gelten, für die der Krieg ein menschenunwürdiges, sinnloses Morden und alles vaterländische Heldentum ein pathologischer Affekt ist.«

Werbung für Prothesen aus »eigenen Werkstätten«

Im März 1916 erlässt das Kriegsministerium für den Bayerischen Verein für Frauenstimmrecht ein Versammlungsverbot. Mitglieder der Deutschen Friedensgesellschaft sowie Einzelpersonen des In- und Auslandes, darunter zahlreiche pazifistisch gesinnte Schriftsteller und Künstler, erhalten ein von Kriegsminister Otto Kress von Kressenstein unterzeichnetes Schreiben. Darin erteilt der am 16. Februar 1912 zum Bayerischen Kriegsminister ernannte ehemalige kommandierende General des III. Bayerischen Armee-Korps den Betroffenen ein »persönliches Schreibverbot für pazifistische Zwecke«[51].

Am 9. Mai 1916 erreicht auch die Münchner Schriftstellerin Annette Kolb, die sich vor Kurzem noch mit dem französischen Schriftsteller und Musikhistoriker Romain Rolland in der Schweiz getroffen hat, ein diesbezüglicher Brief. Wegen »pazifistischer Agitation« und zur »Erhaltung der öffentlichen Sicherheit« ordnet »das K. Bayer. Kriegsministerium aufgrund des Art. 4 Ziff. 2 des Kriegszustandsgesetzes, § 8 Abs. 2 der Vollz. Vorschr. hierzu« für die Dauer des Kriegszustands Folgendes an:

»1. Jede öffentliche und nichtöffentliche Werbetätigkeit, die unmittelbar oder mittelbar pazifistischen Bestrebungen (einschließlich der pazifistisch gerichteten Frauenrechtsbestrebungen) dient, sowie jeder darauf bezügliche schriftliche Verkehr mit dem Auslande, insbesondere der Post- und Telegrammverkehr, wird Ihnen hiermit untersagt.

2. Desgleichen wird Ihnen jede Reise ins Ausland untersagt, wofern nicht das K. Bayer. Kriegsministerium oder das zuständige stellv. Generalkommando vorher die Genehmigung erteilt hat.

3. Ferner wird Ihnen jede auf die Herstellung, Ausgabe und Verbreitung von vervielfältigten Mitteilungen irgendwelcher Art (insbesondere von Vereinsmitteilungen) gerichtete Tätigkeit untersagt, wofern die Mitteilungen irgendwie auf pazifistische Vereine oder Bestrebungen Bezug haben und nicht das K. Bayer. Kriegsministerium bezw. das örtlich zuständige stellv. Generalkommando vorher die Genehmigung erteilt hat.

4. Die Veröffentlichung der gegenwärtigen Anordnung wird hiemit verboten.

5. Zuwiderhandlungen werden nach Maßgabe des Kriegszustandgesetzes bestraft.«[52]

Überwachung beim Bahnpostamt 1

Auch der Ex-Bohemien und spätere Staatsrechtler Carl Schmitt tritt wieder auf den Plan. Er hat es beim Stellvertretenden Generalkommando inzwischen zum Beamten auf Widerruf gebracht. Seit 1. März 1917 ist er in der Dienststelle Abteilung P, die sich in der Herzog Max Burg in der Pfandhauserstraße 2 befindet, als Leiter des Referates P6 tätig. Seine Aufgabe besteht in der Überwachung der Bereiche »Friedensbewegung, Unabhängige Sozialdemokratie, Alldeutsche Bewegung, Einfuhr von Druckschriften einschließlich ausländischer Zeitungen«[53]. Zusätzlich ist er für die Beurteilung von Theatervorstellungen »für die kriegsbeschäftigte Arbeiterschaft« und die Genehmigung von »Vorträgen und Versammlungen« zuständig.

Um »feindliche Propagandaschriften« rechtzeitig aus dem Verkehr ziehen zu können, wird beim Bahnpostamt 1 München eine »Militärische Überwachungsstelle« eingerichtet. Am 28. September 1915 berichtet das Stellvertretende Generalkommando erfreut, dass von einem in einer Auflage von insgesamt 28 000 Exemplaren gedruckten Werk von »Dr. Ludwig Quidde, K. Professor und bayer. Landtagsabgeordneter«, in den letzten Tagen »nicht weniger als 5000 Bestellungen angehalten« werden konnten. Der Bericht schließt mit der Bemerkung:

»Die allgemeine Überwachung der Friedensbewegung, namentlich der mit der Frauenbewegung zusammenhängenden pazifistischen Bestrebungen, wird fortgesetzt.«

Auch 400 Bücher der Novellensammlung »Der Mensch ist gut«, die der inzwischen in die Schweiz emigrierte Sozialist und Pazifist Leonhard Frank im November 1917 in acht verschiedenen Paketen unauffällig nach München senden will, werden aus dem Verkehr gezogen.

Die vom rumänischen Künstler Tristan Tzara in Zürich herausgegebene kriegskritische Kunstzeitschrift Dada aber erhält überraschenderweise sogar von höchster Stelle eine offizielle Einfuhrerlaubnis. Als sich der Buchhändler und Galerist Hans Goltz über die Beschlagnahmung einer Heftelieferung beschwert, ordnet die Armee-Abteilung des Kriegsministeriums umgehend die Rücknahme der Zensurmaßnahme und damit die Freigabe des avantgardistischen Kunstblattes an:

»Es dürfte sich wohl im gegenwärtigen Fall um eine der Überwachungsbehörde unterlaufene Verwechslung mit den auf roter Karteikarte verbotenen ›Dada-Veröffentlichungen‹ über den Prozess zwischen dem angeblichen ungarischen Diplomaten Dada und der Deutschen Bank handeln; denn die u. R. beigefügte Nr. 2 der Zeitschrift erscheint als völlig unbedenklich.«

Als Kriegs = Proviant

empfehle mein vorzügliches,
allgemein anerkanntes, echtes

Rottaler-Bauern-Geselchtes

sowie bestbewährte Dauerwaren.

„Zum Rauchfleischbauer"

Franz Fröhler

Heiliggeiststr. 1   München   Heilggeiststr. 1.

Anzeige für »Dauerwaren« und »Bauern-Geselchtes«

Dr. Georg Michaelis wird am 14. Juli 1917 als Nachfolger von Bethmann Hollweg zum Reichskanzler ernannt.

Die Niederlage ist in Sicht

> Samstag, 2. November
> Abends im Hofbräukeller. Die alten Stammgäste nehmen sich, um trotz der Beleuchtung ihre Zeitung lesen zu können, Lichtstümpfchen mit, Wachsstöcke und dergleichen. Es sieht gespenstisch aus, wie ein Märchen von Grimm, wo jedes Lichtlein ein Menschenleben bedeutet.
>
> JOSEF HOFMILLER, REVOLUTIONSTAGEBUCH 1918/19

»Der Kaiser ist um alles Ansehen gekommen«

Auch im dritten Kriegsjahr werden von der Obersten Heeresleitung ausschließlich Meldungen über Siege bei gleichzeitigen schweren Verlusten der Gegner herausgegeben. Besorgte Stimmen, geschweige denn fundierte kritische Äußerungen, aber bleiben weiterhin außen vor. Allein für die Woche vom 1. bis 7. März 1917 wird in der Münchner Presse folgende stichwortartige Auflistung militärischer Erfolge veröffentlicht:

»Erfolgreicher Vorstoß an der Narajowka – Vergebliche russische Gegenangriffe an der Valeputrastraße – Weitere 91 000 Tonnen versenkt – Englische Angriffe blutig abgewiesen – Erfolgreiche Unternehmungen an mehreren Stellen des westlichen und des italienischen Kriegsschauplatzes – Französische Stellung bei Verdun erstürmt, 578 Gefangene gemacht, 16 Maschinengewehre, 25 Schnell-Ladegewehre erbeutet, 18 feindliche Flugzeuge abgeschossen, 30 000 Tonnen versenkt – Englische Angriffe bei Bouchavesnes sowie russische bei Brzezany und in den Waldkarpathen zusammengebrochen – Französische Gegenangriffe bei Verdun abgewiesen – 15 feindliche Flugzeuge abgeschossen.«

Obwohl die deutschen Truppen in den offiziellen Verlautbarungen von Sieg zu Sieg eilen, ahnt man auch in höchsten Regierungsämtern das kommende Unheil. Dennoch sind alle Vorschläge für eine friedliche Lösung zum Scheitern verurteilt.

So wird eine vom bayerischen Ministerrat bereits 1915 entwickelte Friedensinitiative durch das Veto König Ludwigs III. schon im Ansatz gestoppt. Doch auch dessen Sohn, Kronprinz Rupprecht, seit 1916 als bayerischer und preußischer Generalfeldmarschall Oberbefehlshaber der deutschen 6. Armee, wird immer skeptischer. Mit der militärischen Entwicklung detailliert vertraut, teilt er in einem Brief vom 9. Oktober 1916 dem bayerischen König seine Überlegungen und Befürchtungen mit:

»Ist es nicht möglich, die Russen durch weitestgehendes Entgegenkommen zum Frieden zu bewegen, sieht die Zukunft sehr trübe aus; denn ich glaube nicht, dass wir über den nächsten Sommer mit unseren Mitteln werden durchkommen können – was dann kommen mag, ist nicht auszudenken.«

Ähnliches befürchtet der renommierte Wirtschaftswissenschaftler und Sozialreformer Lujo Brentano. Immer wieder korrespondiert er mit seinem Vetter, dem bayerischen Minister-

Titelseite der Münchner Illustrierten Zeitung, Februar 1917

präsidenten Georg Graf von Hertling. Im Frühjahr 1917 macht er ihn in einem vertraulichen Schreiben auf die sich verändernden Verhältnisse und die zunehmend regierungsfeindliche Stimmung im Lande aufmerksam:

»Meine Dienstboten und andere, die Gelegenheit haben, das, was die Leute sprechen, zu hören, erzählen, dass in den Lebensmittelläden ganz ohne Scheu von Revolten gesprochen wird, die in Szene gesetzt werden müssten, und dass die Stimmung der Soldaten so schlecht sei, dass nicht zu erwarten sei, dass sie gegen die Revoltierenden einschreiten würden.«[54]

Dessen ungeachtet verschärft die Oberste Heeresleitung im Februar 1917 abermals die Situation. Alle Warnungen von politischer Seite ignorierend, erklären die deutschen Militärs den »uneingeschränkten U-Boot-Krieg« um – so die trügerischen Prognosen – England »binnen sechs Monaten« zu besiegen. Doch in Wirklichkeit verschlechtert sich dadurch die Lage abermals. Denn die neu entstandene Situation nehmen die USA zum Anlass, im April 1917 mit frischen und bestens ausgerüsteten Truppen ebenfalls in das Kriegsgeschehen einzugreifen.

> »Man kann nicht mit ihm reden, er lässt keinen zu Wort kommen.«
>
> KÖNIG LUDWIG III. ÜBER KAISER WILHELM II.

Im Berliner Reichstag haben inzwischen viele von der Arroganz der Militärs die Nase voll. Um endlich Verhandlungen mit der Entente über einen Verständigungsfrieden aufnehmen zu können, beschließt man am 19. Juli 1917 eine gemeinsame Friedensresolution. Am selben Tag übermittelt Kronprinz Rupprecht dem bayerischen Ministerpräsidenten eine ebenfalls nicht gerade optimistische Einschätzung der politischen Entwicklung in Bayern:

»Die Kreise der Schwerindustrie sind jetzt in Deutschland ausschlaggebend. (…) Gerade für Bayern, wo der Mittelstand noch ziemlich zahlreich ist, wird die Sache katastrophal; die Angehörigen dieses Standes, die früher in ihrer überwiegenden Mehrheit gut monarchisch gesinnt waren, sind jetzt zum Teil antimonarchischer als die Sozialdemokraten. Dies ist nicht nur in den großen Städten der Fall, wie in München. (…) Der Kaiser ist um alles Ansehen gekommen.«[55]

Doch die Oberste Heeresleitung mit General Ludendorff und Generalfeldmarschall Hindenburg an der Spitze stellt sich weiterhin stur. Sogar der Münchner Malerfürst Friedrich August von Kaulbach hat inzwischen seine vornehm-zurückhaltende Art aufgegeben. Als er sich im Juli 1917 erneut zu Wort meldet, ist der devote Unterton gegenüber den hohen Militärs verschwunden. In deutlichen Worten drückt er aus, was inzwischen viele denken:

»… und das Furchtbare daran ist, dass nicht die Nationen es wollen, sondern nur die fünf bis sechs Fanatiker, die das Heft in der Hand halten. Die ganze Welt schreit nach Schluss dieser Metzelei, möchte doch ein Gottesgericht dreinfahren, die Kriegshetzer in die vordersten Schützengräben stellen!«[56]

Gegen einen »Verzichtfrieden«: Auch die Scharfmacher organisieren sich

Im Gegenzug aber machen auch die Scharfmacher mobil. Schon im Juli 1916 gründet sich in München ein »Volksausschuss für die rasche Niederkämpfung Englands«. In Großveranstaltungen in der Tonhalle an der Türkenstraße und im Löwenbräukeller am Stiglmaierplatz (auf alten Postkarten und Stadtplänen auch Stieglmayerplatz geschrieben) fordert man den sofortigen Rücktritt des als zu zurückhaltend empfundenen Reichkanzlers Bethmann Hollweg. Außerdem wird »Lebensraum für alle Germanen« durch umfangreiche Annexionen gefordert. Vorsitzender dieser illustren Vereinigung ist der aus Wien stammende und inzwischen in München lebende Arzt Max von Gruber, der auch als Leiter der Deutschen Gesellschaft für Rassenhygiene fungiert.

Am 2. September 1917, dem alljährlich gefeierten Sedantag, der an die Kapitulation der französischen Armee in der 1870 geschlagenen Schlacht von Sedan erinnert, trifft man sich in

Königsberg zur Gründung der Deutschen Vaterlandspartei. Vorsitzender wird Großadmiral Alfred von Tirpitz, stellvertretender Parteichef der 1920 durch seinen Putschversuch bekannt gewordene Generallandschaftsdirektor Wolfgang Kapp. Die Partei ist nationalistisch, militaristisch und antisemitisch. Zwei Monate später, am 1. November 1917, wird der Landesverband Bayern der Partei gegründet. Die zugehörige Ortsgruppe München eröffnet in der Neuhauser Straße 23 ihr Büro.

Unter den Mitgliedern der neuen Organisation finden sich der Landtagsabgeordnete und spätere Münchner Oberbürgermeister Karl Scharnagl, der Redakteur und 1934 von den Nationalsozialisten ermordete Herausgeber der Zeitschrift Der gerade Weg, Fritz Gerlich, der antisemitisch-nationalistische Verleger Julius Friedrich Lehmann und der Schriftsteller Ludwig Thoma, der bei Veranstaltungen auch als Redner auftritt. Auf den Einladungsplakaten wird die wichtigste Stoßrichtung der Partei deutlich:

»Männer und Frauen Münchens!

Es besteht Gefahr, dass dieser uns aufgedrungene Krieg mit einem Frieden endigt, der unser Volk aufs schwerste schädigt. Alle Opfer wären dann für nichts gebracht, alle Siege vergebens gewesen. Das darf nicht geschehen! Um dies zu verhindern, ist der große Volksbund, die deutsche Vaterlandspartei, ins Leben getreten. (…) Deshalb will die Vaterlandspartei keinen Verzichtfrieden. Wir wären ärmer an Gütern im Werte von hunderten Milliarden und ärmer um hunderttausende der Besten unseres Volkes. Die Verelendung weitester Volkskreise wäre die Folge. Die Vaterlandspartei erstrebt einen Frieden, der den uns zugefügten Schaden soweit als möglich wieder gut macht. (…) Nur ein kraftvoller, auf unseren Waffenerfolgen ruhender Friede vermag dies.«

Mit von der Partie sind auch der Herausgeber der Süddeutschen Monatshefte Paul Nikolaus Cossmann und dessen Mitstreiter, der »bedeutendste süddeutsche Essayist« Josef Hofmiller. Hofmiller, 1914 als felddiensttauglich eingestuft, kann auch während des Krieges seinem Lehrerberuf nachgehen. Dennoch kritisiert er andere nicht zum Kriegsdienst eingezogene Kollegen als »Memmen«. In einer Rückschau unter dem Titel »Vergangene Tage« beschreibt der Schriftsteller, ehemalige Leiter der Münchner Kammerspiele und langjährige Theaterkritiker der Münchner Neuesten Nachrichten, Hermann Sinsheimer, die Gedankenwelt Cossmanns und Hofmillers:

»Beide erlebten im ersten Weltkrieg ihr Damaskus. Beide wurden Überpatrioten, Eroberungspolitiker, Weltreichschwärmer, Anhänger jener ›Vaterlandspartei‹, für die es keine Grenzen und keine Rechte anderer Völker gab, wo es darum ging, der deutschen Industrie und Großlandwirtschaft neue Märkte und dem deutschen Imperialismus größeren Spielraum durch Krieg und Sieg zu sichern.«[57]

Im Juli 1917 ist eines der Ziele der Vaterlandspartei erreicht. Reichskanzler Bethmann Hollweg muss gehen. Nachfolger wird der Jurist Georg Michaelis, der nur dreieinhalb Monate später vom bayerischen Ministerpräsidenten Georg Graf von Hertling, ehemals Professor für Philosophie an der Münchner Ludwig-Maximilians-Universität, abgelöst wird.

Streik und rote Krawatten

Auch bei der politischen Linken verändert sich inzwischen das Bild. Im Frühjahr 1917 spaltet sich die Unabhängige Sozialdemokratische Partei von der SPD ab. Die Unabhängigen um den späteren Ministerpräsidenten Kurt Eisner, der seit 1910 in München lebt und als Feuilletonredakteur bei der Münchener Post tätig ist, lehnen die Bewilligung weiterer Kriegskredite ab. Gleichzeitig fordert man die bedingungslose Aufnahme von Friedensverhandlungen.

Nach zahlreichen Demonstrationen und immer wieder kurzfristig organisierten Arbeitsniederlegungen beginnt am 31. Januar 1918 der von Kurt Eisner und der Unabhängigen Sozialdemokratischen Partei initiierte Munitionsarbeiterstreik. Nicht nur vom Krieg hat man die Nase voll, auch die viel zu niedrigen Löhne in den Munitions- und Waffenfabriken sorgen für Unmut.

Am Morgen des 31. Januar verweigern bei den von Krupp betriebenen Bayerischen Geschützwerken über zwei Drittel der Belegschaft die Arbeit. Am Nachmittag desselben Tages demonstrieren 8000 Menschen in der Münchner Innenstadt.

Lotterie »Weihnachtsglück 1917« zugunsten von »Weihnachtsliebesgaben« für die »Soldaten im Feld«

Munitionsfabrikation: Herstellung von Gewehrkolben

»Nie wieder Krieg!« und »Wo sind unsere Söhne?« sind die Parolen. Marta Feuchtwanger berichtet darüber in ihrer Biografie »Nur eine Frau«:

»Eine große Menschenmenge kam uns entgegen. Die Straßenbahn konnte nicht weiterfahren. Ich stieg aus und ließ den schweigenden, finsteren Zug an mir vorbei. Es waren Männer und Frauen, auch einige Soldaten. Sie trugen Schilder: ›Nieder mit dem Krieg‹. Unter den Männern, die meist Arbeiter waren, sah ich einen schmächtigen, blassen Mann mit einem schütteren roten Spitzbart. Er trug einen langen, schwarzen Gehrock, grünlich vom Alter. Auf dem Rücken hing schlapp ein fast leerer Rucksack. Es war Kurt Eisner.«[58]

> **MÜNCHEN, DONNERSTAG, 25. FEBRUAR 1915**
>
> Am letzten Krokodil-Abend schloß ich mit Henkell eine Wette ab, in der ich behaupte, daß die Sozialdemokratie sich spätestens gleich nach dem Kriege spalten werde, dergestalt, daß drei Monate nach dem ersten Parteitage nach dem Krieg die Richtung Liebknecht in Stärke von mindestens 7500 Genossen ausgeschieden sein wird. Henkell bestreitet das. Eine Flasche Eschendorfer Berg ist der Preis des Gewinns. Als ich die Wette abschloß, wusste ich noch nicht, wie schnell die Wahrscheinlichkeit sich meiner Ansicht nähern würde.
>
> ERICH MÜHSAM, TAGEBÜCHER 1910-1924

Am Abend des gleichen Tages treffen sich die Arbeiter der Krupp-Werke und anderer kriegswichtiger Betriebe zu einer Protestkundgebung im Schwabinger Bräu. »Brüderliche Grüße« werden an die Kollegen in Belgien, Frankreich, England, Russland, Italien, USA und Serbien versandt. Man fasst den »feierlichen Entschluss, dem Krieg des Wahnsinns und der Wahnsinnigen sofort ein Ende zu bereiten«. Das demonstrativ-selbstbewusste Auftreten einiger Teilnehmer bleibt einem jugendlichen Beobachter in respektvoller Erinnerung:

»Die Munitionsarbeiter kamen mir unheimlich vor! Dennoch bewunderte ich sie, wegen ihrer knallroten Krawatten, wegen ihrer Aufsässigkeit. (…) Manche trugen irgendwelche roten Anstecknadeln oder hielten ihre Halstücher mit den Hüllen der Zündholzschachteln zusammen. Dies sah besonders verwegen aus, schlampig, aggressiv, auftrumpfend.«[59]

In der Nacht vom 31. Januar zum 1. Februar aber werden Kurt Eisner, Oskar Maria Graf und Ernst Toller als Streikführer festgenommen. Dass sich unter den Verhafteten auch Emilie

Herstellung von Kugeln für Schrapnells

118 – Die Niederlage ist in Sicht

und Babette Landauer, die Schwestern von Gustav Landauer, befinden, wird nur in einigen wenigen Berichten vermerkt.

Schon am nächsten Tag, dem 2. Februar 1918, versammeln sich auf der Theresienwiese erneut über 6000 Menschen. Sie fordern ein sofortiges Friedensangebot der deutschen Regierung an sämtliche Krieg führenden Länder, Presse und Versammlungsfreiheit, eine rein demokratische Verfassung, Aufhebung des Belagerungszustandes und die Entmilitarisierung der Betriebe.

Im März 1918 verweigert Erich Mühsam sich der Einberufung zum Vaterländischen Hilfsdienst, der für »jeden männlichen Deutschen vom vollendeten siebzehnten bis zum vollendeten sechzigsten Lebensjahr« zwingend vorgeschrieben ist, und wird deshalb in Traunstein eingesperrt. Mühsam selbst sieht sich dadurch in das »bayerische Sibirien« verbannt, wie einem an Carl Georg von Maassen gerichteten Brief vom 1. Mai 1918 zu entnehmen ist.

Im Frühjahr 1918 spitzt sich die Lage weiter zu. Am 18. Juni randalieren Mitglieder des ehemals so königstreuen Infanterie-Leib-Regiments in der Kaserne an der Gabelsbergerstraße. Sie protestieren gegen den geplanten Abtransport an die Front. Stühle, Bierkrüge und Gasmasken werden aus den Fenstern geworfen. Als die 800 Mann starke Truppe am Nachmittag zum Münchner Hauptbahnhof marschiert, sind alle Disziplinierungsversuche vergebens. Viele der Soldaten tragen inzwischen das Gewehr provozierend mit der Mündung nach unten. Man wirft im Bahnhof mit Knallkörpern um sich und beschimpft die Offiziere als »Blindgänger«. Als zur Abfahrt eine Militärkapelle spielt, geht die Musik im allgemeinen Geschrei und Lärm unter.

GESPERRTE SCHLEMMERBUDE

Der Kaufmann Hugo Böttner betreibt in München, Theatinerstraße 8, neben einem Feinkostgeschäft eine Frühstücksstube, in der auch warme Speisen verabreicht werden. Bei einer am 28. Juli 1918 vorgenommenen Überwachung wurde festgestellt, dass an die ständig in der Gaststätte verkehrenden Gäste sehr reichlich bemessene Fleischspeisen o h n e M a r k e n verabreicht wurden. Ebenso wurden an sämtliche Gäste aus w e i ß e m M e h l hergestellte K u c h e n o h n e M a r k e n abgegeben. Die Preise in der Frühstücksstube sind nur für Gäste zugeschnitten, die über sehr reichliche Geldmittel verfügen. (…) Dieses die allgemeine Versorgung schädigende Geschäftsgebaren muss unbedingt unterbunden werden. Das stell. Gen. Kommando hat daher folgendes angeordnet: 1. Dem Feinkostgeschäftsinhaber wird die Verabreichung von Speisen und Getränken zum sofortigen Genuss untersagt. 2. Die von Hugo Böttner betriebene Frühstücksstube ist zu schließen.

NEUE FREIE VOLKS-ZEITUNG IN MÜNCHEN, 14. AUGUST 1918

Kameraden !

Der Kampf hat begonnen ! Unsere Führer sind verhaftet ! Dreieinhalb Jahre habt Ihr „durchgehalten" für schändliche Lügen und wurdet Mitschuldige dieser ungeheuerlichen Menschen-Metzelei.

Nun Kameraden zeigt, dass Ihr nicht nur als Knechte «durchhalten" könnt, sondern auch als **freie Menschen**!

Wenn Ihr jetzt nachgebt, beginnt die alte brutale Vergewaltigungswirtschaft von Neuem, werdet Ihr von Neuem hingemordet für irgend wirtschaftliche und militärische Interessen einzelner Weniger.

Wenn Ihr jetzt festbleibt, erringt Ihr den **Sieg** ! Den Sieg des Rechts, der Menschenwürde und der Freiheit
<u>Unsere verhafteten Führer müssen freigelassen werden!</u>

Weiter fordern wir :
1. Sofortiges Friedensangebot der deutschen Regierung an sämtliche Krieg führenden Länder auf der Grundlage : Ohne jede offene oder verschleiert Annexion, ohne Entschädigungen, unter Wahrung des Selbstbestimmungs-Rechts der Völker.
2. Vollständiges Koalitionsrecht, sowie Presse- und Versammlungsfreiheit.
3. Eine rein demokratische Verfassung.
4. Aufhebung des Belagerungszustandes.
5. Entmilitarisierung der Betriebe und Aufhebung des Hilfsdienstgsetzes.

Mütter ! Frauen ! Denkt an die bevorstehende Offensive, diese ungeheuerlichste aller Menschenschlächtereien, die uns Hunderttausende gesunder Brüder und Söhne hinwegraffen wird !

Denkt an Eure Söhne und Brüder, die Ihr schützt, wenn Ihr **standhaft** bleibt!

Arbeiter! Brüder! Unsere Kameraden im Feld warten auf Euch ! Ihr führt *ihre* Sache !

Verlasst sie nicht !

Flugblatt, Februar 1918

Der »Schwabinger« Parvus-Helphand und die Russische Revolution

Spätestens ab 1916 sucht die Oberste Heeresleitung fieberhaft nach Möglichkeiten, die kriegerischen Auseinandersetzungen an der Ostfront einzudämmen. Denn die dort gebundenen Truppen und Verbände werden dringend an anderen Fronten gebraucht.

Bei der Entwicklung diesbezüglicher Szenarien und Strategien kommt auch ein viele Jahre in der Ungererstraße 80 in Nord-Schwabing lebender Sozialist, Revolutionär und gewiefter Geschäftsmann ins Spiel. Sein Name: Dr. phil. Israil Lazarewitsch Helphand. Und obwohl der Schwerpunkt dieses Buches auf der Münchner Alltagsgeschichte liegen soll, darf an dieser Stelle doch an diesen weitgehend vergessenen Mann erinnert werden, der den Gang der europäischen Geschichte damals in entscheidender Weise beeinflusst hat.

Am 23. Januar 1899 kommt Helphand, der wegen seiner Tätigkeit für die Sozialdemokratie schon aus zahlreichen Städten, darunter auch Berlin und Dresden, ausgewiesen wurde, in München an. Unter dem ironischen Pseudonym »Parvus«, der Kleine, ist der in Wirklichkeit groß gewachsene und mit beeindruckendem Körperumfang ausgestattete Mann eine der schillerndsten Figuren der internationalen Arbeiterbewegung.

1867 geboren und in der Nähe von Wilna und Minsk in Weißrussland aufgewachsen, wird Helphand im Jahre 1905 sogar für einige Zeit Vorsitzender des ersten Petersburger Sowjets. Er wird von der russischen Justiz verfolgt und eingesperrt. 1906 zum Straflager in Sibirien verurteilt, gelingt ihm beim Transport in die Verbannung die Flucht. Fast beiläufig landet der studierte Nationalökonom zu jener Zeit auch einen weithin beachteten literarischen Coup. Mit falschem Pass in Russland unterwegs, besucht er den angesehenen Schriftsteller Maxim Gorki und erhält von diesem die gesamten Urheber- und Verwertungsrechte für dessen Werk in Westeuropa übertragen.

In seiner Münchner Zeit trifft sich Helphand regelmäßig mit dem einflussreichen sozialdemokratischen Gemeindebevollmächtigten und Druckereibesitzer Maximus Ernst im »Café Noris« an der Leopoldstraße. Auch mit Wladimir Iljitsch Uljanow, genannt Lenin, ist der Mann gut bekannt. Der dreißigjährige Lenin, Spross einer adeligen russischen Familie, der sich 1900 als Herr Meyer in der Kaiserstraße 53 einmietet, ist immer wieder bei Helphand zu Gast. 1901 werden in dessen Schwabinger Wohnung sogar mehrere Ausgaben der Zeitung Iskra (Deutsch: »Der Funke«) mit einer Handdruckmaschine auf dünnem und damit zum illegalen Transport gut geeignetem Zigarettenpapier hergestellt. In Helphands Schwabinger Wohnung trifft Rosa Luxemburg zum ersten Mal auf Lenin und auch der junge Trotzki ist im Jahre 1904 bei ihm zu Besuch. Helphand kennt eigentlich jeden, der im Zusammenhang mit Revolution und Sozialismus Rang und Namen hat.

Nach der Machtergreifung der Jungtürkischen Revolution im Jahre 1910 taucht der international agierende Helphand plötzlich in Istanbul auf. Durch seine Aufsätze und Berichte über die aktuelle internationale Finanzpolitik hat er nicht nur die Aufmerksamkeit der Deutschen Bank und des Finanzministeriums in Berlin erregt, sondern auch die der neuen türkischen Machthaber. Alsbald avanciert Helphand zum Berater der türkischen Regierung und vermittelt lukrative Rüstungsgeschäfte mit deutschen und englischen Unternehmen. Gleichzeitig ist er während des Balkankrieges als Lebensmittellieferant für das türkische Militär tätig. Als er 1914 nach Deutschland zurückkehrt, ist er ein reicher Mann.

Die internationalen und insbesondere zu russischen Revolutionären bestehenden Kontakte will nun die Oberste Heeresleitung nutzen. Denn diese hat eine neue, eigentlich unvorstellbare aber doch auch einleuchtende Idee: Um endlich Waffenruhe an der Ostfront zu erreichen, müssten die Herrschaftsverhältnisse in Russland destabilisiert und wenn möglich die dortige Regierung gestürzt werden. Und in diesem Zusammenhang kommen die mit Helphand gut bekannten und zu jener Zeit in der Schweizer Emigration versammelten russischen Revolutionäre um Lenin ins Spiel.

Der Reichstagsabgeordnete Matthias Erzberger, zu jener Zeit auch für das Auswärtige Amt tätig, nimmt Kontakt mit Helphand auf und vermittelt ein Treffen mit General Ludendorff. Helphand reist zum Großen Hauptquartier in Bad Kreuznach und ist sofort fasziniert von der neuen Idee. Denn ab jetzt haben die russischen Revolutionäre und die deutschen Militärs für Helphand ein gemeinsames und von ihm schon lange angestrebtes Ziel: den Umsturz in Russland.

Der inzwischen nach Kopenhagen übergesiedelte Helphand macht sich an die Arbeit. Das Resultat ist die immer noch seltsam unwirklich anmutende Reise der russischen Revolutionäre im verplombten Sonderzug. Doch tatsächlich: Am 16. April 1917 um 22 Uhr 30 treffen Lenin und seine Leute im Finnischen Bahnhof von Petrograd ein. Mit im Gepäck sind mehrere Millionen Goldmark, die die Oberste Heeresleitung dem Kreis um Lenin für dessen Aktivitäten zur Verfügung gestellt hat.

Nur ein gutes halbes Jahr später, im Dezember 1917, beginnen in Brest-Litowsk die Waffenstillstandsverhandlungen zwischen Deutschland und Russland im Stabsquartier von Prinz Leopold von Bayern. Der jüngere Bruder des bayerischen Königs, der inzwischen zum Oberbefehlshaber Ost aufgestiegen ist, leitet die Verhandlungen. Ihm gegenüber am Verhandlungstisch aber sitzen tatsächlich die Vertreter der inzwischen siegreichen russischen Revolution. Als Verhandlungsführer der Delegation Sowjet-Russlands sind unter anderem Adolf Joffe und Leo Trotzki angereist.

Das Resultat der Verhandlungen ist ein schneller Waffenstillstand und der für die Oberste Heeresleitung so wichtige, am 3. März 1918 unterzeichnete Friede von Brest-Litowsk. Der Publizist Sebastian Haffner fasst das erstaunliche Geschehen zusammen:

»Diese paradoxe Partnerschaft aber, die so weltverändernde Folgen gehabt hat, die Partnerschaft des hochkonservativen deutschen Kaiserreichs mit der bolschewistischen Revolution, war das Werk Parvus-Helphands, eines abenteuernden politischen Einzelgängers, der wenige Jahre später starb und dann viele Jahrzehnte vergessen blieb; denn weder die russischen Kommunisten noch die deutschen Konservativen hatten Grund, ihn in ihre Geschichtslegende aufzunehmen, und er selbst tat alles, um seine Spuren zu verwischen.«[60]

Am 12. Dezember 1924 stirbt der merkwürdig widersprüchliche und auffallend geschäftstüchtige »Revolutionär« Parvus-Helphand in Berlin. Dessen riesiges Anwesen mit nobler Villa auf der Halbinsel Schwanenwerder am Wannsee wird einige Jahre später ein anderer Aufsteiger und politischer Strippenzieher übernehmen. Sein Name: Joseph Goebbels.

Prinz Leopold von Bayern leitet als Oberbefehlshaber Ost die Verhandlungen mit den Delegierten des neuen Sowjet-Russlands.

Aufruf zur 5. Kriegsanleihe

Das Ende

> Ich saß in Tante Michels bisheriger Wohnung in der Arcisstraße in meinem altvertrauten Stübchen und sah meine Bücher wieder und manche Gegenstände, die ich ganz vergessen hatte. Und ich öffnete das von mir vor viereinhalb Jahren zurückgelassene Testament und musste weinen. Weil niemand zu mir gesagt hatte: ›Willkommen nach dem Krieg in der Heimat.‹
>
> JOACHIM RINGELNATZ

Waffenstillstand »um jeden Preis«

Mit der Märzoffensive 1918 versucht die Deutsche Heeresleitung, ein letztes Mal das Blatt zu wenden. Nach der bolschewistischen Revolution in Russland und dem Frieden von Brest-Litowsk und Bukarest werden die Kräfte im Westen durch nun freigewordene Verbände aus dem Osten verstärkt. Doch auch dieser Kraftakt, der die britischen und französischen Truppen für kurze Zeit tatsächlich auf nur 60 Kilometer vor Paris zurückdrängen kann, scheitert. Im Juli 1918 gehen die Alliierten erneut zum Gegenangriff über.

Auch Ludendorff selbst ist inzwischen am Ende. Er leidet unter Erschöpfungszuständen und Schlaflosigkeit, wird immer wieder von nervösen Weinkrämpfen geplagt und betäubt sich regelmäßig mit Unmengen von Alkohol:

»Alarmiert über die Ausmaße seines Trinkens und über die Verschlechterung seines Zustands, verordnete ihm einer seiner Ärzte beim deutschen Hauptquartier in Spa eine strenge Abfolge von Ruhezeiten, Spaziergängen, Atemübungen, Trinkkuren und Lesestunden mit leichter Lektüre. Außerdem erhielt der General die ärztliche Anweisung, nach dem Aufwachen deutsche Volkslieder zu singen und über die Schönheit der Rosen im Garten der Villa nachzusinnen.«[61]

Am 14. August 1918 muss Ludendorff dem Kaiser gegenüber die Aussichtslosigkeit der Lage eingestehen. Der Krieg ist verloren.

Sechs Wochen später, am 30. September 1918, unterrichtet der Nachfolger Kress von Kressensteins, der seit zwei Jahren als Kriegsminister fungierende Philipp von Hellingrath, die bayerischen Oberbürgermeister über das inzwischen formulierte Waffenstillstandsangebot der Reichsleitung. Am nächsten Tag werden auch die Spitzen der Parteien informiert.

Mit den Forderungen des amerikanischen Präsidenten Woodrow Wilson in einer Note vom 23. Oktober 1918, in der unter anderem eine Demokratisierung des Deutschen Reiches zur Vorbedingung für Verhandlungen gemacht wird, können sich gleichzeitig auch die hohen Militärs ihrer Verantwortung entziehen. Denn nun soll ausgerechnet die Reichregierung, die bisher keinerlei Einfluss auf die Entscheidungen der Obersten Heeresleitung hatte, die Friedensverhandlungen aufnehmen. Sogar die deutsche Sozialdemokratie soll in diesen Prozess eingebunden werden.

Am 11. November 1918 tritt der von der Obersten Heeresleitung inzwischen um jeden Preis geforderte Waffenstillstand in Kraft.

Universität München.

Akademische Nachrichten für unsere Kommilitonen im Felde.

Zum achten Male geben wir bei Beginn eines neuen akademischen Halbjahres unsere geschäftlichen Mitteilungen an die Kommilitonen im Felde hinaus. Während sie in Satz gehen, tobt im Westen der gewaltige Kampf, der zusammen mit dem unerbittlich weiter wirkenden U-Bootskriege die Entscheidung in diesem Völkerringen bringen wird. Die heißesten Wünsche für unsere Brüder an der Front, Stolz und tiefste Dankbarkeit für ihren unvergleichlichen Heldenmut, Trauer über die neuen Opfer kostbarsten Blutes erfüllen die Herzen der Daheimgebliebenen. Ueber all dem aber leuchtet die ruhige Gewißheit, daß das deutsche Volk in Waffen in diesem furchtbarsten aller Kriege unserem Vaterlande den vollen Sieg und damit einen kraftvollen deutschen Frieden und eine gesicherte glückliche und freie Zukunft erkämpfen wird. Euch allen, liebe Kommilitonen, drückt Euer Rektor im Geiste die Hand. Heil und Sieg! Und glückliche Heimkehr!

Mit deutschem Gruße

München, Ostern 1918.

Der derzeitige Rektor:
gez. Dr. Weigl.

An der Münchner Universität hofft man Ostern 1918 noch immer auf einen »vollen Sieg« und einen »kraftvollen deutschen Frieden«.

Zurückgekehrte Fronttruppen Ende 1918 vor dem Siegestor

»Eine Welt versank«

Inzwischen nehmen auch die Ereignisse in München an Tempo zu. In der Türkenkaserne meutern Soldaten, auf dem Marienplatz und am Odeonsplatz versammeln sich immer mehr Demonstranten. Vor der Residenz fordert eine Menschenansammlung in Sprechchören das Herrscherpaar zum Rücktritt auf: »Runter mit dem Millibauern! Runter mit der Topfenresl!«

Am 14. Oktober 1918 kann Kurt Eisner als Kandidat der Unabhängigen Sozialdemokratischen Partei Deutschlands bei den anstehenden Reichstags-Nachwahlen nach achteinhalbmonatiger »Untersuchungshaft« das Gefängnis Stadelheim verlassen. Und dann geht alles ganz schnell.

Am 7. November 1918 versammeln sich nachmittags um 15 Uhr unzählige Menschen zu einer Wahlveranstaltung der Sozialdemokraten auf der Theresienwiese. Als die Versammlung beendet ist, bewegt sich ein Großteil der Besucher in einem Demonstrationszug mit Erhard Auer, dem Vorsitzenden der bayerischen Sozialdemokratie an der Spitze, durch die Stadt in Richtung Friedensengel. Andere ziehen mit Kurt Eisner zur

Gesamtbericht

über die täglichen volkswissenschaftlichen Führungen für Verwundete in den Kriegsjahren 1914–1919, veranstaltet von den

Akademischen Arbeiterkursen München

unter Leitung von Fritz Beck, Dr. Paul Franz Wassermann, Bonifaz Flaschenträger

Erstattet von Karl Gg. Zistl

wissenschaftlichem Hilfsarbeiter an der Universitätsbibliothek

---

Zur 235. und letzten Führungswoche für Verwundete

Unseren toten Helden zum ehrenden Gedächtnis, allen Teilnehmern der Verwundetenführungen als freundlicher Abschiedsgruß gewidmet

---

München 1919 / Druck von F. Bruckmann A.G.

Bericht zur »letzten Führungswoche für Verwundete«

„Neue freie Volks-Zeitung in München."

Was giebt es Neues?

Die Abreise der Königsfamilie wird nun folgendermaßen dargestellt: Dem König war an dem denkwürdigen Donnerstag von zuständiger Seite nichts in den Weg gelegt worden, seinen üblichen Spaziergang zu machen, und so besuchte er denn mit seinen Töchtern den Englischen Garten. Er wurde von niemandem behelligt und hätte wohl auch nichts zu fürchten gehabt, auch wenn er in München geblieben wäre. Als er zur Residenz zurückkehrte, waren die Volksmassen von der Wiese her schon im Anmarsch. Ein einfacher Mann sagte zum König: „Majestät, machen's daß 'S nach Haus kommen, es geht nicht gut!" Der König ging darauf mit seinen Töchtern der Residenz zu, deren obere Zimmerflucht er bezogen hatte. In später Stunde erschienen Minister beim Monarchen und teilten ihm mit, daß die Republik ausgerufen werde. Darauf entschloß man sich im Kreise der kgl. Familie zur Abreise. Der Königin, die sich schon zur Ruhe begeben wollte, wurde dieses Vorhaben mitgeteilt und die Töchter packten rasch das Allernotwendigste an Wäsche in eine Handtasche. Die kgl. Familie begab sich ohne weitere Begleitung zum Marstallgebäude und bestieg einen Kraftwagen, der noch nicht angekurbelt war. Der König verließ die Residenz gewissermaßen wie er ging und stand. Das Auto kam unbehelligt aus der Stadt. Es erlitt unweit der Stadt eine Panne. Die Fahrt ging nach Wildenwarth, wo die kgl. Familie einen Tag blieb. Dorthin kam ein Hofkavalier, der in Berchtesgaden geweilt hatte und veranlaßte und leitete die Abreise der kgl. Familie in einen anderen Ort, der auch hiesigen, dem Hofe nahestehenden Kreisen nicht bekannt geworden ist. (Fränk. Kurier.)

Die Neue freie Volks-Zeitung in München berichtet am 15. November 1918 über »Die Abreise der Königsfamilie«.

Türkenkaserne, wo sie begeistert empfangen werden. Als sich dem Zug auch Soldaten anderer Kasernen anschließen, errichtet man noch am selben Tag im Mathäserbräu das »Standquartier des Arbeiter- und Soldatenrats«.

Schon am nächsten Morgen – und damit exakt fünf Jahre nach dem Eid auf die Verfassung durch Ludwig III. – wird auf der Titelseite der Münchner Neuesten Nachrichten die Proklamation des Freistaats Bayern zu lesen sein. Die Herrschaft der Wittelsbacher ist beendet.

»Eine Welt versank. Die Soldaten ließen den Kragen offen, viele den Mantel, alle waren ohne Leibriemen. (…) Allmählich kamen die ersten Feldtruppen. Manche bahnten sich mit zornigem Gleichschritt den Weg durch die verachteten Heimsoldaten, die Früchtchen mit den offenen Mänteln, einige Bataillone sogar mit klingendem Spiel, manche Batterien noch gut bespannt und beritten.«[62]

Ende November 1918 kommt auch der Soldat Joachim Ringelnatz aus dem Krieg zurück. Ihm bietet sich auf den Straßen der Stadt ein deprimierendes Bild:

»Am Freitag, den 29. November 1918, traf ich in München ein. (…) Auch in München das selbe Bild wie überall. Ernste, niedergeschlagene Mienen. Viel Krüppel. Viel Kranke. Viel Arbeitslose. Misstrauen. Angst vor dem drohenden Bürgerkrieg. Hunger. Unbeleuchtete Straßen. Schießereien. Raubüberfälle. Diebstähle.«[63]

> 6. November 1918. In einem Gasthof in der Schützenstraße (Steyrer) ist die Schuhbörse der Soldaten im Abort. Dort verkaufen sie ihre neuen, für die Front gefassten Militärstiefel. Andere Schuhbörsen sind im Fürstenfelder Hof und beim Stiefelwirt in der Sendlinger Straße. Dort haben die Verkäufer die Schuhe an den Füßen, gehen mit dem Käufer auf den Abort, machen dort das Geschäft richtig, ziehen zu diesem Zweck mitgebrachte Hausschuhe aus der Überziehertasche und gehen nach Hause.
>
> JOSEF HOFMILLER, REVOLUTIONSTAGEBUCH

Der König verlässt die Stadt

Am Abend des 7. Novembers macht einer glaubwürdigen Überlieferung zufolge ein Radfahrer den im Hofgarten sich aufhaltenden König auf die neue, unkalkulierbare und politisch explosive Situation in der Stadt aufmerksam. Nur wenige Stunden später wird der König mit seiner Familie und einigen Bediensteten München unauffällig verlassen.

Doch zuvor kommt es zu bizarren Pannen: Als man endlich zur Abreise bereit ist, stellt man fest, dass die im Marstall geparkten Automobile gar nicht fahrbereit sind. Aufgebockt und ohne Reifen stehen die Autos in der Remise. Man versucht, die Residenzwache zur Hilfe zu holen. Doch diese hat sich inzwischen ebenso aus dem Staub gemacht wie der »königliche Oberchauffeur«. So dauert es über zwei Stunden, bis man einen Ersatzmann für den Chauffeur gefunden hat. Es ist ein Geschäftsmann namens Tiefenthaler, der sich als Besitzer eines der Residenz gegenüberliegenden Garagenbetriebes bereit erklärt, den Wagen zu steuern. Glücklicherweise bringt der hilfsbereite Mann das ebenfalls fehlende Benzin auch gleich mit.

So ist es schon nach 22 Uhr, als das Königspaar zusammen mit Prinzessin Helmtrud und Graf Holnstein die Residenz verlässt. In den zwei sie begleitenden Wagen sitzen die Prinzessinnen Hildegard, Wiltrud und Gundelinde, Prinz Albrecht und Baron von Redwitz, die Kammerfrau der Königin, ein Flügeladjutant namens Bodmann sowie die Baronin von Kesling.

Doch da naht schon das nächste Ungemach. Der Wagen des Königs schlingert, da die frisch montierten Reifen nicht richtig aufgepumpt sind. Und damit nicht genug. Auf der Rosenheimer Landstraße, auf der man sich sicherheitshalber ohne Licht bewegt, landet der Wagen im Straßengraben. Ein in der Nähe wohnender Bauer leistet Hilfe und schleppt mit einem Pferdegespann das königliche Gefährt aus dem Acker heraus.

Über einen Zwischenaufenthalt in Schloss Wildenwart am Chiemsee und Hintersee in Ramsau bei Berchtesgaden gelangt man endlich nach Schloss Anif in Salzburg. Von dort aus entbindet am 13. November 1918, knapp eine Woche nach

Ausrufung der Republik, König Ludwig III. die bayerischen Staatsbediensteten, Beamten und Soldaten von ihrem Treueeid. Einen Rücktritt als König verweigert er.

»Neues Geld für alte Schulden«

Als der Krieg zu Ende ist, zählt man in Europa nahezu 10 Millionen Tote sowie über 20 Millionen Verwundete und Kriegsbeschädigte. Über zwei Millionen Deutsche sind in den Schützengräben ums Leben gekommen, darunter nahezu 190 000 Soldaten aus Bayern. Rund 13 000 Soldaten aus München – die Zählungen schwanken zwischen 12 900 und 13 725 – haben den Krieg nicht überlebt.

Zusätzlich kommen unzählige Zivilisten ums Leben. Hunderttausende fallen der Hungerkatastrophe im »Dotschenwinter« 1916/17 und der Spanischen Grippe zum Opfer.

Einige der vormals so mächtigen Monarchien verschwinden nahezu über Nacht von der politischen Landkarte. Die Herrschaft der Hohenzollern ist mit der Flucht des Kaisers beendet. Wilhelm II. geht in die Niederlande ins Exil. Ähnliches gilt für König Ludwig III., der seinen Lebensabend auf Gut Savar in Ungarn verbringen wird. Die Herrschaft der Wittelsbacher, die nahezu 740 Jahre währte, endet am 8. November 1918 mit der Ausrufung des Freistaats Bayern durch Kurt Eisner. Bayern wird als erster deutscher Bundesstaat eine Republik.

Aber auch die K. und K. Monarchie Österreich-Ungarn wird abgelöst. Am 12. November 1918 wird von der Provisorischen Nationalversammlung die österreichische Republik ausgerufen.

In Russland übernehmen schon 1917 die Bolschewisten die Macht. Im Juli 1918 werden der ehemalige Zar Nikolaus II. und seine Familie in Jekaterinburg ermordet.

Bei Kriegsende betragen die Schulden des Deutschen Reiches 66 Milliarden Mark. Im Rahmen des Versailler-Vertrages setzt eine Reparationskommission der Siegermächte die Zahlungsforderungen zur Wiedergutmachung von Kriegsschäden durch Deutschland auf die gigantische Summe von 226 Milliarden Goldmark fest. Im April 1921 wird diese auf 132 Milliarden Goldmark reduziert. Nach der verheerenden Inflation 1923 werden aufgrund einer Intervention der USA und dem 1924 beschlossenen »Dawesplan« die Verpflichtungen Deutschlands erneut herabgesetzt und der Wirtschaftskraft der Weimarer Republik zumindest ansatzweise angepasst.

Am 1. Oktober 2010 (!) ist im Internet bezüglich einer Meldung der Deutschen Presseagentur unter den Überschriften »Neues Geld für alte Schulden« und »Deutschland begleicht die letzten Schulden aus dem Ersten Weltkrieg« zu lesen:

»Mit dem zwanzigsten Jahrestag der Wiedervereinigung am Sonntag werden letzte Zinszahlungen in Höhe von fast 200 Millionen Euro für Staatsanleihen fällig, die in den zwanziger Jahren aufgelegt wurden, um die Entschädigungszahlungen Deutschlands nach dem Krieg zu finanzieren.«[64]

»(Mit) dem Stichtag 3. Oktober hat Deutschland dann am Sonntag seine finanzielle Kriegsschuld 92 Jahre nach dem Vertragsschluss von Versailles endgültig beglichen.«[65]

Quellen

[1] Otto Flake, Es wird Abend. Bericht aus einem langen Leben, S. 212
[2] G. S. Baumgärtner, Deutsches Kriegsbuch, S. 9
[3] G. S. Baumgärtner, Deutsches Kriegsbuch, S. 10
[4] Ernst Vollbehr, Kriegsbilder-Tagebuch, S. 5
[5] G. S. Baumgärtner, Deutsches Kriegsbuch, S. 25
[6] Johannes R. Becher, Abschied, S. 393
[7] Josef Magnus Wehner, Als wir Rekruten waren, S. 19
[8] Alto Gebhard, Ein Rückblick auf die Gründerjahre der Arbeiterwohlfahrt in München, S. 16
[9] Franz Steffan, Bayerische Vereinsbank 1869–1969, S. 163
[10] Isolde Kurz, Die Pilgerfahrt nach dem Unerreichlichen, S. 557
[11] G. S. Baumgärtner, Deutsches Kriegsbuch, S. 26
[12] G. S. Baumgärtner, Deutsches Kriegsbuch, S. 49
[13] Marta Feuchtwanger, Nur eine Frau, S. 91
[14] vergl. Ulrich Cartarius, Deutschland im Ersten Weltkrieg, S. 15
[15] Franz Schede, Rückblick und Ausblick, S. 143
[16] Josef Magnus Wehner, Als wir Rekruten waren, S. 22
[17] Hermann Heimpel, Die halbe Violine, S. 233
[18] Josef Magnus Wehner, Als wir Rekruten waren, S. 55
[19] Auguste und Friedrich von Thiersch, Erinnerungen an Heinrich Ernst Thiersch, S. 31
[20] Kurt Martens, Schongsloses Lebenschronik Teil 2, S. 138
[21] Ernst Hüsmert und Gerd Giesler, Carl Schmitt – Die Militärzeit 1915 bis 1919, S. 25 f.
[22] Marta Feuchtwanger, Nur eine Frau, S. 92
[23] vergl. Peter Pletschacher, Die Königlich Bayerischen Fliegertruppen 1912–1919. S. 128
[24] vergl. Wilhelm Lukas Kristl, Der weiß-blaue Despot, S. 168
[25] vergl. Siegfried Obermeier, Münchens goldene Jahre, S. 314
[26] Ernst Toller, Eine Jugend in Deutschland, S. 40
[27] vergl. Gunna Wendt, Liesl Karlstadt, Ein Leben, S. 77 f.
[28] Hermann Heimpel, Die halbe Violine, S. 238
[29] vergl. Martha Schad, Bayerns Königinnen, S. 318
[30] Ernst Toller, Prosa, Briefe, Dramen, Gedichte, S. 60
[31] vergl. Reinhard Wittmann, Hundert Jahre Buchkultur in München, S. 106
[32] Georg Schwarz, Der letzte Malerfürst Franz von Stuck, S. 118
[33] Wolfgang Leppmann, Rilke, S. 353

[34] Wolfgang Leppmann, Rilke, S. 370
[35] Sybille Krafft, Frauenleben in Bayern, S. 125
[36] Maria Eder in Pikrinsäure und Dotschen von Christina Böck; in: Zwischen den Fronten, S. 47
[37] Franz Steffan, Bayerische Vereinsbank 1869–1969, S. 175
[38] Martha Schad, Bayerns Königinnen, S. 320
[39] Wolfgang Behringer, Löwenbräu, S. 225
[40] Münchner Hausfrau, 25. März 1917
[41] G. S. Baumgärtner, Deutsches Kriegsbuch 33. Band, S. 393
[42] Josef Hofmiller, Revolutionstagebuch, S. 15
[43] Isolde Kurz, Die Pilgerfahrt nach dem Unerreichlichen, S. 590
[44] Leo Erhard-Rabenau, Denk' ich an Sendling …; in: Stadtteilgeschichten – Lebensgeschichten, S. 56
[45] Carlamaria Heim, Josefa Halbinger, S. 28
[46] vergl. Uli Walter, Sozialer Wohnungsbau in München, S. 57
[47] vergl. Ay Karl-Ludwig, Die Entstehung einer Revolution, S. 50
[48] vergl. Giesing – Vom Dorf zum Stadtteil, S. 153
[49] vergl. Ay Karl-Ludwig, Die Entstehung einer Revolution, S. 48
[50] vergl. Sybille Krafft, Frauenleben in Bayern, S. 167
[51] Willy Albrecht, Landtag und Regierung in Bayern am Vorabend der Revolution von 1918, S. 133
[52] vergl. Ulrich Cartarius, Deutschland im Ersten Weltkrieg, S. 287 f.
[53] Ernst Hüsmert und Gerd Giesler, Carl Schmitt – Die Militärzeit 1915 bis 1919, S. 183
[54] vergl. Deuerlein Ernst, Der Aufstieg der NSDAP in Augenzeugenberichten, S. 50
[55] vergl. Bayern vom Königreich zur Diktatur 1900–1933, S. 61
[56] vergl. Siegfried Obermeier, Münchens goldene Jahre, S. 314
[57] Hermann Sinsheimer, Paul Nikolaus Cossmann; in: Vergangene Tage, S. 362
[58] Marta Feuchtwanger, Nur eine Frau, S. 115
[59] Thomas Niederreuther, Hinter dem Rücken der Bavaria, S. 47
[60] Sebastian Haffner, Zur Zeitgeschichte, S. 41
[61] David Clay Large, Hitlers München, S. 112
[62] Hermann Heimpel, Die halbe Violine, S. 277
[63] Joachim Ringelnatz, Als Mariner im Krieg, S. 315
[64] »Spiegel online« und »DIE ZEIT - online« am 1.10.2010
[65] »DIE ZEIT - online« am 1.10.2010

Literatur

Ahrens Helmut, Ludwig Thoma – Sein Leben, sein Werk, seine Zeit, W. Ludwig Verlag, Pfaffenhofen 1983

Albrecht Willy, Landtag und Regierung in Bayern am Vorabend der Revolution von 1918, Verlag Duncker und Humblot, Berlin 1968

Amery Carl, Leb wohl geliebtes Volk der Bayern, Paul List Verlag, München 1996

Angermair Elisabeth, Eduard Schmid – Ein sozialdemokratischer Bürgermeister in schwerer Zeit, Stadtarchiv München/Buchendorfer Verlag, München 2001

Angermair Elisabeth, Die Münchner Juden im Ersten Weltkrieg; in: Jüdisches München, Bauer Richard, Brenner Michael (Hrsg.), Verlag C. H. Beck, München 2006

Ay Karl-Ludwig, Die Entstehung einer Revolution, Verlag Duncker und Humblot, Berlin 1968

Bäumler Ernst, Verschwörung in Schwabing – Lenins Begegnung mit Schwabing, Econ Verlag, Düsseldorf und Wien 1972

Bauer Reinhard, Gerstenberg Günther, Peschel Wolfgang, Im Dunst aus Bier, Rauch und Volk, Verlag R. Piper, München 1989

Baumgärtner G. S., Deutsches Kriegsbuch, Verlag Knorr & Hirth München 1916

Becher Johannes R., Abschied, Aufbau Taschenbuch Verlag, Berlin 1995

Behringer Wolfgang, Löwenbräu, Süddeutscher Verlag, o. J.

Bosl Karl (Hrsg.), Bayern im Umbruch, Verlag R. Oldenbourg, München und Wien 1969

Bronner Franz-Joseph, Tagebuch, Süddeutsche Zeitung, 23./24. 2. 2008

Cartarius Ulrich (Hrsg.), Deutschland im Ersten Weltkrieg, Deutscher Taschenbuch Verlag, München 1982

Christ Lena, Unsere Bayern anno 14, Albert Langen Verlag, München 1914

Deuerlein Ernst, Der Aufstieg der NSDAP in Augenzeugenberichten, Deutscher Taschenbuch Verlag, München 1974

Fernau Rudolf, Als Lied begann's, Deutscher Taschenbuch Verlag, München 1975

Fest Joachim C., Hitler, Ullstein Verlag, Frankfurt am Main und Berlin 1973

Feuchtwanger Marta, Nur eine Frau, Droemersche Verlagsanstalt Th. Knaur Nachf., München 1983

Flake Otto, Es wird Abend. Bericht aus einem langen Leben, S. Fischer Verlag, Frankfurt 1980

Gebhard Alto, Ein Rückblick auf die Gründerjahre der Arbeiterwohlfahrt in München, Arbeiterwohlfahrt Kreisverband München Stadt e. V., München 1989

Gidal Nachum T., Die Juden in Deutschland von der Römerzeit bis zur Weimarer Republik, Könemann Verlagsgesellschaft m.b.H., Köln 1997

Goodspeed D. J., Ludendorff, Bertelsmann Sachbuchverlag, Gütersloh 1968

Graf Oskar Maria, Das Leben meiner Mutter, Deutscher Taschenbuch Verlag, München 1982

Gritschneder Otto, Pater Rupert Mayer – Ich predige weiter, Rosenheimer Verlag, o. J.

Guttmann Thomas (Hrsg.), Giesing – Vom Dorf zum Stadtteil, Buchendorfer Verlag, München 1990

Haffner Sebastian, Zur Zeitgeschichte, Droemersche Verlagsanstalt Th. Knaur Nachf., München 1982

Heim Carlamaria: Ein Platz in München; in: Stadtbesichtigung, Münchner Edition, (hrsg. von Heinz Piontek), Franz Schneekluth Verlag, München 1982

Heim Carlamaria, Josefa Halbinger – Jahrgang 1900, Verlag Obalski und Astor, München o. J.

Heimpel Hermann, Die halbe Violine, Insel Verlag, München 1958

Heißerer Dirk, Wo die Geister wandern, Verlag C. H. Beck, München 2008

Herbertz Eva-Maria, Der heimliche König von Schwabylon, Allitera Verlag, München 2005

Herzog Wilhelm, Menschen, denen ich begegnete, Francke Verlag, Bern und München 1959

Hildebrandt Irma, Bin halt ein zähes Luder, Diederichs Verlag, München 1990

Hofmiller Josef, Revolutionstagebuch 1918/19, Karl Rauch Verlag, München 1933

Hümmert Ludwig, Bayern vom Königreich zur Diktatur 1900–1933, Verlag W. Ludwig, Pfaffenhofen 1979

Hüsmert Ernst und Giesler Gerd, Carl Schmitt – Die Militärzeit 1915 bis 1919, Akademie Verlag, Berlin 2005

Hüttl Ludwig, Das Haus Wittelsbach, Wilhelm Heyne Verlag, München 1980

Klee Felix (Hrsg.), Tagebücher von Paul Klee 1898–1918, Verlag M. DuMont Schauberg, Köln 1957

Koerbling Anton, Paul Riesterer, Pater Rupert Mayer, Verlag Schnell und Steiner, München 1975

Krafft Sybille (Hrsg.), Frauenleben in Bayern von der Jahrhundertwende bis zur Trümmerzeit, Bayerische Landeszentrale für politische Bildungsarbeit, München 1993

Krafft Sybille (Hrsg.), Zwischen den Fronten – Münchner Frauen in Krieg und Frieden 1900–1950, Buchendorfer Verlag, München 1995

Kreis Julius, Scharbichler; in: Deutsche Rundschau, Verlag von Gebrüder Paetel, Berlin 1921

Kristl Wilhelm Lukas, Der weiß-blaue Despot – Oskar von Miller in seiner Zeit, Richard Pflaum Verlag, München o. J.

Kurz Isolde, Die Pilgerfahrt nach dem Unerreichlichen, Verlag Rainer Wunderlich, Tübingen 1938

Lamm Hans (Hrsg.), Vergangene Tage – Jüdische Kultur in München, Albert Langen – Georg Müller Verlag, München-Wien 1982

Large David Clay, Hitlers München, C. H. Beck Verlag, München 1998

Leppmann Wolfgang, Rilke, VMA-Verlag, Wiesbaden 1981 und 1996

Maier Renate, Der Weg zur Revolution; in: Revolution – Bayern 1918/19, Hefte zur Bayerischen Geschichte und Kultur 37, Haus der Bayerischen Geschichte, Augsburg 2008

Mann Golo, Erinnerungen und Gedanken, S. Fischer Verlag, Frankfurt/M. 1981

Marc Franz, Briefe, Aufzeichnungen und Aphorismen, Verlag Paul Cassirer, Berlin 1920

Marc Franz, Briefe aus dem Feld, Rembrandt-Verlag, Berlin o. J.

Martens Kurt, Schongsose Lebenschronik Teil 2, Wien 1924

Mühsam Erich, Ich bin verdammt zu warten in einem Bürgergarten, Luchterhand, Darmstadt und Neuwied 1983

Mühsam Erich, Namen und Menschen – Unpolitische Erinnerungen, Verlag Klaus Guhl, Berlin 1977

Mühsam Erich, Tagebücher 1910–1924, Deutscher Taschenbuch Verlag, München 1995

Niederreuther Thomas, Hinter dem Rücken der Bavaria, Franz Ehrenwirth Verlag, München 1979

Obermeier Siegfried, Münchens goldene Jahre, C. Bertelsmann Verlag, München 1976

Pater Rupert Mayer, Verlag Schnell & Steiner, München 1950

Pilar Prinzessin von Bayern, Nymphenburger Notizen; in: Denk ich an München, Gräfe und Unzer Verlag, München 1966

Pletschacher Peter, Die Königlich Bayerischen Fliegertruppen 1912–1919, Motorbuch Verlag, Stuttgart 1978

Riehl Hans, Märchenkönig und Bürgerkönige – Wittelsbacher Geschichte(n) 1806–1918, Verlag W. Ludwig, Pfaffenhofen 1979

Ringelnatz Joachim, Als Mariner im Krieg, Rowohlt Taschenbuch, Berlin 1965

Schad Martha, Bayerns Königinnen, Verlag Friedrich Pustet, Regensburg 1992

Scharlau Winfried B. und Zeman Zbynek A., Freibeuter der Revolution, Parvus-Helphand – Eine politische Biographie, Verlag Wissenschaft und Politik, Köln 1964

Schede Franz, Rückblick und Ausblick, Hans E. Günther Verlag, Stuttgart 1960

Scheiber H., Kriegs-Fremdenführer durch München, München 1916

Schmitt Carl, Die Militärzeit 1915 bis 1919, Tagebuch Februar bis Dezember 1915, Aufsätze und Materialien, herausgegeben von Ernst Hüsmert und Gerd Giesler

Schuldt-Britting Ingeborg, Sankt-Anna-Platz 10 – Erinnerungen an Georg Britting und seinen Münchner Freundeskreis, Buchendorfer Verlag, München 1999

Schwarz Georg, Der letzte Malerfürst Franz von Stuck, Stieglitz-Verlag, Mühlacker 1978

Sonnengruber Erhard, Aus dem Tagebuch des Infanteristen Erhard Sonnengruber, München, Kriechbaumhof 2b, zur Verfügung gestellt von seinem Sohn

Sonnemann-Henle Mathilde, Humoristisches Kriegskochbuch, Verlag von Emil Abigt, Wiesbaden o. J.

Steffan Franz, Bayerische Vereinsbank 1869–1969, München 1969

Sünwoldt Sabine, Weiß Ferdl – Eine weiß-blaue Karriere, Stadtarchiv München, 1983

Thiersch Auguste und Friedrich von, Erinnerungen an Heinrich Ernst Thiersch, Privatdruck, o. J.

Thoma Ludwig; in: März, 8. Jg., Heft 36, 5. September 1914

Toller Ernst, Eine Jugend in Deutschland, Rowohlt Taschenbuch Verlag, Hamburg 1963

Toller Ernst, Prosa, Briefe, Dramen, Gedichte, Rowohlt Verlag, Hamburg 1961

Volland Eva Maria, Frauenleben und Frauenbewegung in München, DGB-Bildungswerk, München 1988

Vollbehr Ernst, Kriegsbilder-Tagebuch, Verlag F. Bruckmann, München 1915

Wack Anna, Frauenarbeit in der Kriegsfürsorge in München, Inaugural-Dissertation, Maschinenmanuskript, München 1918

Walter Uli, Sozialer Wohnungsbau in München – Die Geschichte der GWG 1918–1993, Bruckmann Verlag, München 1993

Wehner Josef Magnus, Als wir Rekruten waren, Hanseatische Verlagsanstalt, Hamburg, 1938

Weiß Ferdl, Weiß Ferdl erzählt sein Leben, Richard Pflaum Verlag, München 1951

Wendt Gunna: Liesl Karlstadt – Ein Leben, Piper Verlag GmbH, München 1998

Wennerberg B., In der Heimat, Kriegsbilder-Album, Verlag Albert Langen, München 1916

Werner Harald, Heimaten des Geistes – Erinnerung an Josef Hofmiller, Selbstverlag Josef-Hofmiller-Gymnasium e. V., Freising 1997

Westendladen, Drei Lebensläufe aus der Schwanthalerhöh, Maschinenmanuskript, 1978

Wilhelm Hermann, Interview mit Frau Martha Hoffmann, Maschinenmanuskript, 1977

Wittmann Reinhard, Hundert Jahre Buchkultur in München, Heinrich Hugendubel Verlag, München 1993

Zehn Jahre Münchner Hilfstätigkeit 1914–1924, Hilfsbund der Münchener Einwohnerschaft, Verlag Knorr & Hirth, München 1924

Münchner Hausfrauen-Vereinigung, III. Jahresbericht 1913–1915, München 1916

Münchner Illustrierte Kriegs-Chronik, Neues Münchener Tagblatt, München 1914

Münchner Illustrierte Zeitung

Münchner Neueste Nachrichten

Münchener Post

Nationale Frauenblätter, Verlag Knorr & Hirth

Neue freie Volks-Zeitung in München

Ratgeber für die Kriegshilfe in München, München-Augsburger Abendzeitung, München 1915

Stadtteilgeschichten – Lebensgeschichten, herausgegeben von der Landeshauptstadt München, Buchendorfer Verlag 1988

Unseren gefallenen Kameraden – Gedenkbuch für die im Weltkrieg gefallenen Münchner Juden, Verlag B. Heller, München 1929

Der Zwiebelfisch, Hans von Weber Verlag, München

Allgemeine Publikationen, Periodika, Zeitungen, Lexika

90 Jahre Gewerkschaft Metall München, 1891–1981, IG Metall Verwaltungsstelle, München 1981

Bayerisches Wochenblatt

Das alte Gewerkschaftshaus in der Pestalozzistraße, Broschüre zur gleichnamigen Ausstellung des Archivs der Arbeiterbewegung im DGB-Haus an der Schwanthalerstraße in München vom 6. 12. – 16. 12. 1990

Der illustrierte Ploetz, Verlag Ploetz KG, Würzburg 1973

Festschrift für den 2. Bayer. Landsturmtag in München am 29. und 30. Juni 1929

Kochregeln und Kochanweisungen, Verein für hauswirtschaftliche Frauenbildung, München 1918

Maximilianeum, München 1989

Mitteilungen der Handelskammer München

Mitteilungen der Universität München, München 1918

Münchener Illustrierte Kriegs-Chronik, herausgegeben vom Neuen Münchener Tagblatt, München Hofstatt 5/6, 1. Reihe, 1. Heft, 1914

Münchener Stadtanzeiger

Münchner Hausfrau, Praktische Wochenschrift für Hauswirtschaft und Mode, Handarbeiten und Unterhaltung, Geschäftsstelle München, Kaufingerstr. 23

Personenregister

Albrecht, Prinz von Bayern 130
Ammann, Ellen 80
Arnold, Karl 70
Auer, Gerhard 127
Augspurg, Anita 107f.

Ball, Hugo 65, 75
Beauchamp (französischer Fliegerhauptmann) 49
Beck, Fritz 128
Bierbaum, Otto Julius 65
Birnbaum, Immanuel 21
Bismarck, Otto von 107
Bodmann, (Flügeladjudant) 130
Borscht, Wilhelm von 95, 106
Bötticher, Hans s. Ringelnatz, Joachim
Böttner, Hugo 119
Brentano, Lujo 113
Bühler, Karl 58

Christ, Lena 23, 26, 67
Corinth, Lovis 76
Cossmann, Paul Nikolaus 116

Dada, (ungarischer Diplomat) 110

Eisner, Kurt 108, 116, 118, 127, 130f.
Erler, Fritz 88
Ernst, Maximus 121
Erzberger, Matthias 121

Falkner von Sonnenburg, Alphons 109
Fernau, Rudolf 25
Feuchtwanger, Lion 26, 40, 65
Feuchtwanger, Marta 26, 118
Flaschenträger, Bonifaz 128
Flemisch (Schauspieler) 54
Foerster, Friedrich Wilhelm 107
Frank, Leonhard 110

Franz Ferdinand, österreichischer Thronfolger 10
Fränznik (Direktor des Konzerthauses an der Sonnenstraße) 54
Friedrich, Otto 70
Fröhler, Franz 111
Fürst, Georg 58

Ganghofer, Ludwig 73, 75
Geheeb, Reinhold 70
Gerlich, Fritz 116
Goebbels, Joseph 122
Goltz, Hans 110
Gommel, August 70
Gorki, Maxim 121
Graf, Oskar Maria 43, 108, 118
Gruber, Max von 115
Gulbransson, Olaf 68f.
Gundelinde, Prinzessin von Bayern 130

Haase, Hugo 20
Haffner, Sebastian 122
Halbe, Max 65
Harden, Maximilian 33
Heimann, Lida Gustava 107
Heine, Thomas Theodor 37, 70
Hellingrath, Philipp von 125
Helmtrud, Prinzessin von Bayern 130
Helphand, Israil Lazarewitsch 121f.
Henkell, Karl 116
Hennings, Emmy 73
Henschke, Alfred s. Klabund
Hertling, Georg von 115f.
Herzog, Wilhelm 109
Heymel, Alfred Walter 65
Hildebrand, Adolf von 65
Hildegard, Prinzessin von Bayern 130
Hindenburg, Paul von 72, 75, 115
Hitler, Adolf 66, 76
Hofmannsthal, Hugo von 75

Hofmiller, Josef 100, 105, 113, 116, 130
Hollweg, Bethmann 115f.
Holm, Korfiz 70
Holnstein, (Graf) 130

J., Oskar (Versicherungsinspektor) 105
Jawlensky, Alexej von 25
Joffe, Adolf 122

Kaiser, Emil 54
Kandinsky, Wassily 25
Kapp, Wolfgang 116
Karlstadt, Liesl 54
Kaulbach, Friedrich August von 46, 48, 115
Keim, Marian 63
Keppler (Bischof) 58
Kesling, (Baronin) von 130
Kiesselbach, Luise 80
Klabund (Schriftsteller) 44, 65f.
Klee, Paul 66
Kobus, Kathi 26
Kolb, Annette 109
Kress von Kressenstein, Otto 109, 125
Kutscher, Artur 66f.

Landauer, Babette 119
Landauer, Emilie 118f.
Landauer, Gustav 119
Lehmann, Julius Friedrich 116
Lenin 121f.
Leopold, Prinz von Bayern 16f., 122f.
Levien, Max 21
Liebknecht, Karl 20, 118
Lindpaintner, Otto Erich 43
Ludendorff, Erich 66, 115, 121, 125
Ludwig Ferdinand, Prinz von Bayern 75
Ludwig III., König von Bayern 12, 14, 16f., 58, 67, 113, 115, 130f.
Luitpold, Prinzregent von Bayern 16
Luxemburg, Rosa 107, 121

Maassen, Carl Georg von 119
Macke, August 65, 76
Macke, Elisabeth 76
Mann, Golo 81

Mann, Heinrich 108
Mann, Thomas 17
Marc, Franz 65, 67, 76f.
Marc, Maria 76
Marie Therese, Königin von Bayern 13, 79, 130
Martens, Kurt 15, 107f.
Mayer, (Pater) Rupert 58
Merkt, Otto 104
Meyer, Herr (Pseud.) s. Lenin
Meyer-Frank, Julie 95
Meyrink, Gustav 108
Michaelis, Georg 44, 116
Miller, Oskar von 44
Molière 25
Mühsam, Erich 71, 104, 107f., 118f.
Nikolaus II., Zar von Russland 131

Otto, Gustav 43
Otto, Nicolaus August 43

Parvus s. Helphand, Israil Lazarewitsch
Polgar, Alfred 75
Princip, Gavrilo 10

Quidde, Ludwig 107, 110

Rambold, H. 64
Rathenau, Walther 89
Redwitz, (Baron) von 130
Rilke, Rainer Maria 65, 75
Ringelnatz, Joachim 65f., 125, 130
Roesse, Wilhelm 42
Rolland, Romain 109
Rupprecht, Kronprinz von Bayern 16, 113, 115

Samberger, Paul 109
Scharnagl, Karl 116
Schey-Rothschild, (Freiherr) von 75
Schmitt, Carl 29, 37, 110
Schröder, Rudolf Alexander 65
Schulz, Wilhelm 72
Shaw, George Bernhard 25
Sinsheimer, Hermann 116
Sonnengruber, Albert 59

Sonnengruber, Erhard 58ff.
Sterzer, (Tagelöhner) 100
Stuck, Franz von 43, 73
Studnitz, Katharina von 81

Thoma, Ludwig 24, 66, 70, 72f., 116
Thöny, Eduard 69
Thurn und Taxis, Alexander von 75
Tiefenthaler, (Geschäftsmann) 130
Tirpitz, Alfred von 116
Toller, Ernst 26, 50, 65f., 118
Trotzki, Leo 121f.
Tzara, Tristan 73, 110

Udet, Ernst 44
Uljanow, Wladimir Iljitsch s. Lenin

Valentin, Karl 54

Wach (Schauspielerin) 54
Wagner, Hans 54
Waldau, Gustl 65
Wassermann, Paul Franz 128

Wedekind, Frank 65f., 71, 75, 107
Weisgerber, Albert 65f., 76f.
Weisheitinger, Ferdinand s. Weiss(,) Ferdl
Weiss(,) Ferdl 36, 70
Wenninger (Schauspieler) 54
Werefkin, Marianne von 25
Wilhelm II., Kaiser von Preußen 16, 73, 115, 131
Wilson, Woodrow 125
Wiltrud, Prinzessin von Bayern 130
Winckel, Richard 93
Wolf, Gertrud 83

Zehetmaier, Maria 108
Zistl, Karl Gg. 128
Zweig, Arnold 66
Zweig, Stefan 75

Über den Autor

Hermann Wilhelm, geboren am 11. Januar 1949. Aufgewachsen in München-Haidhausen. Volksschule an der Kirchenstraße, anschließend Maria-Theresia-Gymnasium am Regerplatz. Nach eineinhalb Jahren Ersatzdienst Studium der Malerei an der Akademie der bildenden Künste München sowie Philosophie an der Ludwig-Maximilians-Universität.

Anschließend als Künstler sowie selbstständiger Maler und Grafiker tätig. 1977 Gründer und seitdem auch Leiter des Haidhausen-Museums. Von 1992 bis 1997 Vorsitzender des ersten gemeinsamen Bezirksausschusses der Stadtteile Au und Haidhausen.

Autor zahlreicher Bücher zur Münchner Stadt- und Stadtteilgeschichte, darunter:
- Haidhausen – Münchner Vorstadt im Lauf der Zeit
- Die Geschichte der Münchner Ludwigsbrücke
- Die Münchner Boheme von der Jahrhundertwende bis zum Ersten Weltkrieg
- Brotzeit Braten Brennsuppen – Ein Münchner Vorstadt-Kochbuch
- Die Schüleins – Zur Geschichte einer jüdischen Brauereifamilie
- Jazz in München

Immer wieder als Ausstellungsarchitekt tätig. Seit einigen Jahren wieder als Künstler (Leuchtkästen, Bilder und Objekte) aktiv. Zahlreiche Ausstellungen und Ausstellungsbeteiligungen.

Dank

Dank gilt allen, die dieses Projekt zur Münchner Alltagsgeschichte 1914–1918 unterstützt und gefördert haben, vor allem der Monacensia-Bibliothek, deren Mitarbeiter mit Rat und Tat zur Seite standen, dem Münchner Stadtarchiv, das kompetent und unbürokratisch bei der Suche nach wichtigem Bildmaterial half, dem Münchner Stadtmuseum und nicht zuletzt dem Kulturreferat der Landeshauptstadt München, ohne dessen langjährige Unterstützung der Geschichtsarbeit des Haidhausen-Museums die Realisierung dieses Buches gar nicht möglich gewesen wäre.